**CÍRCULO** *Luna Parque*
**DE POEMAS** *Fósforo*

# História(s) do cinema

Jean-Luc Godard

*Tradução*
ZÉFERE

*3ª reimpressão*

7   NOTA À EDIÇÃO

*HISTÓRIA(S) DO CINEMA*

Capítulo 1
15   1(a) todas as histórias
28   1(b) uma história só

Capítulo 2
43   2(a) só o cinema
55   2(b) fatal beleza

Capítulo 3
71   3(a) a moeda do absoluto
88   3(b) uma *vague nouvelle*

Capítulo 4
101   4(a) o controle do universo
122   4(b) os signos entre nós

157   Referências estabelecidas por Jean-Luc Godard

165   NOTA(S) DO TRADUTOR DESTA(S) HISTÓRIA(S)
      DO GODARD
      *Zéfere*

      POSFÁCIO
181   Um lance de godardos
      *Joana Matos Frias*

## *Nota à edição*

A presente edição traduz na íntegra o livro *Histoire(s) du cinéma*, publicado em 1998 pela Gallimard-Gaumont. Optou-se, em concordância com o autor e com a própria Gallimard, pela não inclusão dos fotogramas presentes na versão francesa.

Neste sentido, seguiu-se aqui o gesto dos organizadores da edição argentina, Tola Pizarro e Adrián Cangi, publicada pela Caja Negra, em 2007. Gesto que, de modo efetivo, entende a dimensão do texto impresso na página, ao operar um corte que dá a ver o poder imagético e de evocação que a matéria escrita tem por si só.

Vale dizer também que a primeira edição do livro é contemporânea ao filme homônimo. Numa cronologia nada linear, é como se este poema consistisse numa pesquisa para a composição do filme e, ao mesmo tempo, fosse uma espécie de adaptação livre do filme. Ou seja, as presentes páginas estão antes, durante e depois do filme, mas não exatamente nesta ordem temporal, ironizaria Godard.

Este poema-ensaio alude, ainda, a outra criação do autor, o livro *Introdução a uma verdadeira história do cinema*, editado em 1980 e constituído por transcrições de um curso que ele deu em Montreal, no fim dos anos 1970.

Assim, estas *História(s)* não guardam uma relação de dependência com o filme de mesmo nome, mas compõem com ele um jogo, ao lado de outros livros e filmes. Um jogo no qual cada um deles — mais do que ser uma parte de um todo — é o próprio todo. Boa leitura.

# História(s) do cinema

introdução
a
uma
verdadeira
história
do
cinema
a
única
a
verídica

# 1
# TODAS AS HISTÓRIAS
# UMA HISTÓRIA SÓ

*E se a morte de Puig e de Negus, a morte do capitão de Boïeldieu, a morte do coelhinho... passaram despercebidas, é porque a vida jamais devolveu aos filmes o que tinha roubado deles. E porque esquecer-se do extermínio faz parte do extermínio.*

*Há quase cinquenta anos que, no breu, o povo das salas escuras incendeia o imaginário para aquecer o real. Agora o real se vinga e reivindica lágrimas de verdade e sangue de verdade.*

*Mas de Viena a Madri, de Siodmak a Capra, de Paris a Los Angeles e Moscou, de Renoir a Malraux e Dovjenko, os grandes cineastas da ficção foram incapazes de manter sob controle a vingança que tinham encenado mais de vinte vezes.*

## *capítulo 1(a)*
## *todas as histórias*

não vá mostrar
todos os lados das coisas

preserve, você,
uma margem
de indefinição

história do cinema
com um s

todas
as histórias
que existirão
que existiram

falar
por exemplo
a história
do último magnata
Irving Thalberg

um diretor
de televisão
pensa no máximo
em duzentos filmes por ano
Irving Thalberg
foi o único que

por dia
pensava em cinquenta e dois filmes

a fundação
o pai fundador
o filho único
e para esta história foi preciso
passar por aí
um corpo jovem
frágil e belo
tal como o descreve Scott Fitzgerald
para que isto
passasse a existir

isto
a potência
de Hollywood

a potência
da Babilônia

uma fábrica de sonhos
fábricas assim
o comunismo

se esgotou
de tanto sonhar com elas

história do cinema
atualidade da história
história das atualidades e dos noticiários

e ainda por cima casado
com uma das mulheres mais belas
do mundo

aquilo que passou pelo cinema
e ficou marcado
por ele
não vai mais entrar

em outro lugar

ou falar a história
de Howard Hughes
mais corajoso que Mermoz
e mais rico que Rockefeller

produtor de cidadão Kane
e dono da TWA
como se Méliès
tivesse dirigido a Gallimard
e ainda a SNCF

e antes que
a Hughes Aircraft começasse
a retirar do fundo do Pacífico
os submarinos da CIA

ele obrigava
as estrelas
da RKO

a dar todo sábado
um passeio de limusine
a cinco por hora
para evitar de balançar
os seios
e eles ficarem caídos

e morto
como Daniel Defoe
que não ousou
levar Robinson à morte

falar por exemplo
todas as histórias dos filmes
que jamais
foram feitos

muito mais que os outros
podemos ver os outros
na televisão
não é mesmo

a morte
faz
suas promessas
pelo
cinematógrafo

é exagero
meu
nem mesmo
cópias

de
reproduções

a felicidade
não é alegre

mil novecentos e quarenta
Genebra
escola de mulheres
Max Ophüls
cai de quatro
por Madeleine Ozeray
ao mesmo tempo
que o exército alemão
pega o exército francês
por trás
e Louis Jouvet
o patrão
cai fora

o teatro
é algo
conhecido demais
o cinematógrafo
é algo
desconhecido demais
até então

história do cinema
atualidade da história
história das atualidades e dos noticiários

histórias do cinema
com alguns s
alguns ss
trinta e nove quarenta
quarenta e um

traição do rádio
mas o cinema mantém sua palavra
porque
da morte de Siegfried e M
ao grande ditador
e Lubitsch
os filmes vinham sendo feitos
não é mesmo

quarenta
quarenta e um
ainda que fatalmente arranhado
um simples retângulo
de trinta e cinco
milímetros
salva a honra
de todo o real

quarenta e um
quarenta e dois
e se as pobres das imagens
seguem pungentes
sem raiva e sem ódio
como os golpes do açougueiro
é porque o cinema está aí

o cinema mudo
com seu humilde
e formidável poder
de transfiguração
quarenta e dois
quarenta e três
quarenta e quatro
o que mergulha no escuro
é a reverberação
do que o silêncio submerge
o que o silêncio submerge
prolonga na luz
o que mergulha no escuro

imagens e sons
como desconhecidos
que se esbarram
no meio do caminho
e não conseguem mais
se separar

prova disso é que
as massas
adoram o mito
e o cinema
se dirige
às massas

mas se o mito
começa em Fantômas
ele termina em Cristo
o que é que as multidões

ouviam
nas pregações de são Bernardo
algo diferente do que ele dizia
talvez, provavelmente

mas como é que se pode ignorar
o que compreendemos
no instante em que essa voz desconhecida
se crava
nas profundezas
do nosso coração

aí está a lição dos noticiários e atualidades
do nascimento de uma nação
da esperança
de Roma cidade aberta
o cinematógrafo jamais quis fazer
um acontecimento
mas sim uma visão
porque a tela
não é mesmo
é igual ao pano branco
da veste do samaritano
aquilo que vão captar as câmeras portáteis
inventadas por Arnold e Richter
para poderem ficar à altura
dos pesadelos e dos sonhos
não será apresentado
sobre uma tela
mas sobre um sudário

e se a morte
de Puig e de Negus
a morte
do capitão de Boïeldieu
a morte
do coelhinho
passaram despercebidas
é porque a vida jamais
devolveu aos filmes
o que tinha roubado deles

e porque esquecer-se
do extermínio
faz parte
do extermínio

há quase cinquenta anos
que no breu
o povo das salas escuras
incendeia o imaginário
para aquecer
o real
agora o real se vinga
e reivindica lágrimas de verdade
e sangue de verdade

mas de Viena a Madri
de Siodmak a Capra
de Paris a Los Angeles e Moscou
de Renoir a Malraux e Dovjenko
os grandes cineastas da ficção
foram incapazes

de manter sob controle a vingança
que tinham encenado mais de vinte vezes

histórias do cinema
histórias sem palavra
histórias da escuridão

é o coitado do noticiário
na sala de cinema
que tem de se livrar
de qualquer suspeita
o sangue e as lágrimas
como quem lava a calçada
depois de passada a hora
depois que o exército
já atirou na multidão

o que tem de cinema
nos noticiários e atualidades sobre a guerra
não afirma nada
não faz julgamento
nenhum *close*
o sofrimento não é uma estrela
nem a igreja incendiada
nem a paisagem devastada
o espírito de Flaherty e o de Epstein
assumiram o posto
e é Daumier
e é Rembrandt
e seu terrível preto e branco

poucas panorâmicas
uma tomada do alto talvez
mas é que uma mãe
chora o filho assassinado

é que
dessa vez
e dessa vez somente
a única arte
que se fez verdadeiramente
popular
reencontra a pintura
isto é a arte
isto é
o que renasce

daquilo que tinha sido queimado

a gente se esquece daquele vilarejo
com os muros brancos cercados de oliveiras
mas a gente se lembra de Picasso
isto é de Guernica

a gente se esquece de Valentin Feldman
o jovem filósofo fuzilado
em quarenta e três
mas quem não se lembra
de pelo menos um dos prisioneiros
isto é de Goya

e se George Stevens
não tivesse usado o primeiro

o primeiro filme
de 16 mm colorido
em Auschwitz
e Ravensbrück

provavelmente nunca
a felicidade
de Elizabeth Taylor
teria encontrado
um lugar ao sol

trinta e nove
quarenta e quatro
martírio e ressureição
do documentário
ah que maravilhoso
poder ver
o que não se enxerga
ah doce milagre
aos nossos olhos cegos

tirando isso
o cinema é uma indústria
e se a primeira guerra mundial
permitiu
ao cinema americano
arruinar
o cinema francês

com o nascimento da televisão
a segunda guerra
vai lhe permitir financiar

ou seja
arruinar
todos os cinemas da Europa

você tem duas mãos
indaga o cego
mas olhar para ver se as enxergo
não me garante nada
pois é
por que confiar no que enxergo
se chego a ter alguma dúvida
pois é
por que na verdade não desconfiar
dos olhos
ao olhar para ver
se enxergo as minhas duas mãos

socorro

## *capítulo 1(b)*
## *uma história só*

certifique-se de ter esgotado
tudo o que se comunica
pela imobilidade
e pelo silêncio
o que passou pelo cinema
e ficou marcado por ele
não vai mais entrar em outro lugar
mas para mim, primeiro, a minha
a minha história
e o que é que eu tenho a ver
com tudo isso
toda essa claridade
toda essa obscuridade
às vezes ao anoitecer
ouço sussurros no meu quarto
desligo a televisão
mas o sussurro continua

será que é o vento
ou meus ancestrais
história
da solidão

solidão da história

o cinema fazia projeções
e então os homens

viram
que o mundo
estava ali
um mundo
ainda quase
sem história

mas um mundo
que conta

mas para instaurar
em vez da incerteza
a ideia e a sensação
as duas grandes histórias foram
o sexo e a morte

histórias de beleza, em suma
a beleza, a maquiagem
no fundo
o cinema não faz parte
da indústria
da comunicação
nem da do espetáculo
mas da indústria de cosméticos
da indústria das máscaras
que por sua vez é apenas
uma pequena sucursal
da indústria da mentira

histórias do cinema
vem daí sua relação com o espetáculo
não tem como explicar de outro jeito

que o cinema
herdeiro da fotografia
sempre quis
ser mais verdadeiro que a vida
como eu ia dizendo
nem uma arte, nem uma técnica
um mistério

história da solidão
solidão da história

amantes e ladrões
o último filme de Guitry
logo, dia a dia
ele não vai mais precisar
ir ao mercado
onde se vendem mentiras
logo, não vai mais ficar
alegremente
ao lado dos vendedores
eu gravei essa frase de Brecht
e pedi a Fritz Lang
que a repassasse a Brigitte Bardot
e chamei o filme de
o desprezo

ou lá no começo
a história dos dois irmãos
eles podiam se chamar Abajur
mas vieram à luz Lumière
e distinguir o rosto um do outro era um rolo só
desde aqueles tempos

sempre foram dois rolos
para se fazer cinema
um que enche
e um que esvazia
como que por obra do acaso
em vídeo
chamou-se o rolo da esquerda
de escravo
e o da direita
de mestre

porque pela última vez
a escuridão reúne forças
para derrotar a luz

mas é pelas costas
que a luz
irá golpear a escuridão

e primeiro
bem baixinho
como que para não assustar o homem
o sussurro
que ele já tinha ouvido
há muito tempo
ah tanto tempo
antes mesmo de o homem existir

o sussurro
recomeça

um projetor de filmes
é obrigado
a se lembrar da câmera
e o cinema só é uma indústria
da evasão
porque é antes de mais nada
o único lugar
em que a memória é escrava

herdeiro da fotografia
sim
mas ao herdar
essa história
o cinema não herdava somente
os seus direitos
de reprodução de uma parte do real
mas sobretudo os seus deveres

e se ele herdou de Zola, por exemplo
não foi a taberna
nem a besta humana
mas sim o álbum de família
ou seja
Proust e Manet

e para ir do início ao fim
desse livro imenso
com o qual os homens violaram
desesperadamente a natureza
para semear nela
o potencial da ficção
para ir de Giotto a Matisse

e de Madame de la Fayette
a Faulkner
o tempo necessário
foi cinco vezes menor que o tempo
que a primeira locomotiva levou
para se tornar
um TGV

o cinema
como o cristianismo
não se fundamenta
em uma verdade histórica
ele oferece uma narrativa
uma estória
e fala para nós
agora: acredite

mas não
conceda a essa narrativa
a essa estória
a fé que convém à história
e sim acredite
aconteça o que acontecer

e isso não pode ser senão o resultado
de toda uma vida

tome aqui uma narrativa
não se comporte com ela
como diante
de outras narrativas históricas

*wie zu einer anderen*
*historischen nachricht*

ofereça a ela
um lugar totalmente diferente
na sua vida
*eine ganz andere stelle*
*in deinem leben*
*einnehmen*

isso para dizer
que o cinema

isso para dizer
que o cinema jamais foi
uma arte
e muito menos uma técnica

desde a chegada do trem à estação
ou o lanche do bebê
até onde começa o inferno
a câmera jamais mudou
na essência
e a Panavision platinum
não é mais aperfeiçoada
que a Debrie 7

que
o sobrinho de André Gide
levou para a viagem
ao Congo

deus branco

os técnicos do cinema
vão falar
que é mentira

mas é preciso lembrar
que o século XIX
que inventou todas as técnicas
inventou também
a sacanagem
e que madame Bovary
antes de se tornar uma fita pornô
tinha crescido com o telégrafo

não uma técnica
nem mesmo uma arte
uma arte sem futuro
foram logo avisando gentilmente
os dois irmãos
aliás, nem precisou de cem anos
para a gente ver que eles tinham razão
e se a televisão realizou
o sonho de Léon Gaumont
de trazer os espetáculos do mundo todo
aos mais miseráveis
quartos de dormir

fez isso reduzindo
o gigante céu dos pastores
à altura
do pequeno Polegar

a propósito
os sansimonistas
qual o nome dele, o fundador
infantil
o barão Enfantin
e se eles sonhavam com o Oriente
não deram o nome de
rota da seda
nem do rum
o nome que deram
foi estrada de ferro
porque, ao longo da rota,
o sonho tinha se endurecido e mecanizado

só que depois
os dois irmãos não foram bem compreendidos
eles falaram
sem futuro
querendo dizer

uma arte do presente
uma arte que dá
mas que recebe antes de dar
digamos assim
a infância da arte

e estamos no crepúsculo do século XIX
são os primórdios do transporte
público
e estamos na aurora do século XX
são os primórdios do tratamento

da histeria
é o velho Charcot
abrindo ao jovem Freud
as portas dos sonhos
cabe a ele achar a chave de interpretação
mas qual é a diferença
entre Lilian Gish
na geleira do horizonte sombrio

e Augustine na Salpêtrière

mas algo ainda pior se anuncia
na falta de deus
não somente os deuses
e o deus
se foram
mas o esplendor da divindade
se apagou
na história do mundo
o tempo da escuridão do mundo
é o tempo da aflição
porque ele se torna cada vez mais limitado
até mesmo tão limitado
que deixa de ser capaz
de perceber
a falta de deus
como uma falta

em seguida bastarão
uma ou duas guerras mundiais
para perverter
esse estado de infância da arte

e para que a televisão
se torne
esse adulto idiota
e triste
que se recusa a ver
o buraco onde nasceu
e se abriga então
em infantilidades

porque
veja o que aconteceu
no alvorecer do século XX
a tecnicidade resolveu
reproduzir a vida
então inventaram a fotografia
e o cinema

mas como a moral
ainda era forte
e como se preparavam
para retirar da vida
até mesmo a sua identidade
ficamos de luto
por essa sentença de morte
e foi com as cores do luto
com o preto
e com o branco

que o cinematógrafo passou a existir

os poetas
entre os mortais são aqueles que
cantando com gravidade
sentem o rastro dos deuses que se foram
seguem esse rastro
e assim traçam para os mortais
seus irmãos
o caminho da reviravolta

mas quem
entre os mortais
seria capaz de reconhecer
tal rastro

é próprio dos rastros
não ficarem aparentes
e eles são sempre
legados como uma convocação
que mal se pressente

ser poeta
em tempos
de aflição
é portanto
enquanto canta
ficar atento
ao rastro
dos deuses que se foram

eis por que
em tempos de escuridão no mundo
o poeta fala o sagrado

## 2
## SÓ O CINEMA
## FATAL BELEZA

*Pois, mais uma vez, já que o cinema quis imitar o movimento da vida, nada mais normal, nada mais lógico do que a indústria do filme ter primeiro se vendido à indústria da morte.*
*Ah, quantos roteiros sobre um recém-nascido, sobre uma flor se abrindo, mas quantos sobre rajadas de metralhadora. Porque eis o que aconteceu.*
*A fotografia poderia ter sido inventada em cores. Elas existiam. Mas eis que, no alvorecer do século XX, a tecnicidade resolveu reproduzir a vida. Então inventaram a fotografia. Mas como a moral ainda era forte, e como se preparavam para retirar da vida até mesmo sua identidade, ficamos de luto por essa sentença de morte.*
*E foi com as cores do luto, o preto e o branco, que a foto passou a existir.*

## *capítulo 2(a)*
## *só o cinema*

quando você quiser
histórias do cinema
e da televisão
isso não podia vir
senão de alguém
da *nouvelle vague*

a *nouvelle vague*
talvez a única geração
que se encontra
no meio tanto do século
quanto talvez do cinema

o cinema
é coisa do século XX
é coisa
do século XIX
mas que foi resolvida
no século XX

que sorte vocês tiveram
de terem chegado
cedo o suficiente
para herdar uma história
que já era rica
e complicada
e agitada

e de terem esperado tempo o bastante
visto filmes o bastante
formado sua própria ideia
do que era importante
ou desimportante
nessa história
e de terem uma linha para seguir
afinal de contas a gente sabe que Griffith
vem antes de Rossellini
Renoir, antes de Visconti
e o momento exato
do aparecimento de vocês
numa história
que já tem como ser contada
que ainda tem como ser contada
que foi contada, como estória
por assim dizer
mas jamais como história
mas ainda tinha
saberes o suficiente
e paixão o suficiente
para poder se afirmar
saber que a gente vem
antes de algo
e depois de algo
o fato de estar assim
no meio do século

constituir por si só sua história
saber
quem vem depois

uma oportunidade única para se fazer
a história
não porque eram filmes demais
eles são poucos
e tem cada vez menos

eles são poucos
e tem cada vez menos

o historiador das letras fala
tem Homero, Cervantes, Joyce
tendo falado desses três
eles incluem Faulkner ou Flaubert

eles foram poucos
para mim dez filmes
nas mãos são dez dedos
para mim são dez filmes

o cinema
a ideia
que eu consigo expressar
agora
é que era a única forma
de fazer
de contar
de me dar conta
eu mesmo
de que eu tenho uma história
uma história minha
mas que se não fosse
pelo cinema

eu não saberia que tenho
uma história
era o único jeito
eu devia isso a ele
sempre isso de se sentir culpado
ou maldito
como disse Marguerite
ela dizia
que eu era maldito

a única forma
se é que dá
para contar
uma história
ou fazer a história
e essa jamais foi feita
pularam essa história
a história da arte
fizeram um pouco
os franceses
não os outros

Diderot, Baudelaire
Malraux
eu ponho logo após
Truffaut
uma linha direta
Baudelaire falando de Poe
é que nem Malraux
falando de Faulkner
é que nem Truffaut
falando de Edgar Ulmer

ou de Hawks
foram só os franceses
que fizeram
essa história
eles desconfiaram
que estavam dentro de uma história
quiseram saber
qual era a história
a deles dentro da maior
a maior dentro da deles

por exemplo
para mim
a história maior
é a do cinema
ela é maior
que as outras
porque ela se projeta

porque
ela se projeta

numa prisão de Moscou
Jean-Victor Poncelet
talentoso engenheiro
do exército de Napoleão
recompôs
sem o auxílio de suas anotações
os conhecimentos geométricos
que tinha aprendido
nos cursos de Monge
e de Carnot

o tratado
das propriedades projetivas
das figuras
publicado em mil oitocentos e vinte e dois
estabelece como método geral
o princípio da projeção
utilizado por Desargues
para estender as propriedades do círculo
às cônicas
e posto em prática por Pascal
na sua demonstração
do hexagrama místico

então foi preciso
um prisioneiro francês
andando para lá e para cá
diante de uma parede russa
para que a aplicação
mecânica
da ideia
e da vontade
de projetar figuras
numa tela
praticamente alçasse
voo
com a invenção
da projeção
cinematográfica

p'ra a criança
que adora gravuras
e mapas

o universo é tal qual
seu apetite imenso
ah, como o mundo
é grande
à luz das luminárias
aos olhos da lembrança
o mundo é tão pequeno

partimos, certa manhã,
com a mente
em chamas
o coração cheio de ódio
e desejos amaros
vamos embora
ao ritmo da onda embalando
nosso infinito
à flor do finito dos mares

uns
felizes fugindo
de uma pátria infame
outros
fugindo do horror
do berço

e outros, astrólogos,
afogados nos olhos de *femme
fatale* de uma tirana, Circe
perfumosa
p'ra não se transformar em bichos
se embebedam de espaço e luz e brilho
e céu em fogo e brasa

com o gelo que os morde
com os sóis que os bronzeiam
vão se apagando
os beijos e todas suas marcas
destino singular
cujo fim se desloca
e, sem ser fixo
pode estar em todo canto
para encontrar repouso
corre como um louco
o homem
já que a esperança sua não se cansa

queremos viajar
sem vapor e sem vela
para
alegrar o tédio de nossas prisões
passe em nossos espíritos
tesos como tela
suas lembranças
enquadradas em horizonte[s]

diga, o que vocês viram

nós vimos os astros e as águas
também as areias nós vimos
houve muito percalço
e imprevistos desastres
mas nos entediávamos
bem como aqui

a glória do sol sobre o mar violeta
a glória das cidades
sob o sol poente
faziam arder em nosso coração
uma aspiração inquieta
de saltar nos reflexos
de um céu atraente

a mais rica cidade
a mais ampla paisagem
jamais tinha
o mistério atrativo
daquilo que o acaso
faz às nuvens e suas imagens
mas o desejo
sempre
nos deixava intranquilos

por nós foram saudados
ídolos com tromba
e tronos
consvelados
com joias preciosas
e palácios ornados
com feérica pompa
que traria ao abastado
sonhos ruinosos
e roupas
de causar torpor
a quem olhar
e mulheres
com dente

e unha em tinto verniz
e encantadores com serpentes
a os acariciar
e o que mais, o que mais

tem uma projeção
por isso eu falo
que é a história maior
porque ela pode se projetar
as outras histórias
só podem se reduzir
penso naquele poeminha de Brecht
eu examino com cuidado
meu plano:
ele é irrealizável
porque a televisão reduz
ou projeta você, você
mas a gente perde a consciência
porque ela projeta
o espectador

enquanto
o espectador do cinema era atraído
o espectador da televisão é repelido
mas dá para criar
uma lembrança
com essa história

mas é a história maior

não se pode esquecer
de algo que é capital

vimos por todo lado
e sem ter procurado
desde o topo até os pés
dessa escada fatal
o entediante espetáculo
do imortal pecado

saber amaro
o ganho a partir da viagem
monótono e pequeno
o mundo
este que é o de hoje, ontem, amanhã
sempre
expõe nossa imagem
um oásis de horror
num deserto de tédio

melhor partir, ficar
se puder ficar, fique
parta, se achar melhor
içar âncora
ó morte
velho capitão
aqui
só tédio

ó morte
zarpemos
mesmo co'o céu e o mar
como um negro borrão

você sabe
que nosso coração

reluz pleno

## *capítulo 2(b)*
## *fatal beleza*

*te sentirás acorralada*
*te sentirás perdida o sola*
*tal vez querrás no haber nacido*
*no haber nacido*
*pero tu siempre acuerdate*
*de lo que un día yo escribí*
*pensando en ti, pensando en ti*
*como ahora pienso*
*la vida es bela ya verás*
*como a pesar de los pesares*
*tendrás amigos, tendrás amor*
*tendrás amigos*
*un hombre solo, uma mujer*
*así tomados de uno en uno*
*son como polvo, no son nada*
*no son nada*\*

então você
sempre se lembre
daquilo que eu
um dia

---

\* te sentirás encurralada/ te sentirás perdida ou só/ talvez queiras não ter nascido/ não ter nascido/ mas sempre recorda-te/ do que um dia eu escrevi/ pensando em ti, pensando em ti/ como agora penso/ a vida é bela já verás/ como apesar dos pesares/ terás amigos, terás amor/ terás amigos/ um homem só, uma mulher/ se tomados a sós um por um/ são como poeira, não são nada/ não são nada

escrevi, um dia escrevi
pensando em você

tinha um curta-metragem
o comentário foi gravado
por Jean Cocteau
contava
como se faz um filme
a voz falava
luminoso vermelho aceso
entrei clandestino

todas essas histórias
que são minhas agora
como falar essas histórias
talvez mostrando

mas quando nasci
será que eu também
fui um clandestino
no sangue
da minha mãe

eu queria ser engenheiro
não sei sequer
se consegui ser engenhoso

a invenção
do roteiro
foi
um contadorzinho
da máfia

do bando de Mack Sennett
era preciso pôr
ordem
na desordem
dos achados dele

e Friedrich Murnau
e Karl Freund

inventaram
a iluminação de Nuremberg
enquanto Hitler
ainda não tinha dinheiro sequer
para tomar uma cerveja
nos cafés de Munique
as mãos sujas
ter ou não ter

e o plano americano
o enquadramento na altura da cintura
era para a pistola
portanto a genitália
mas a do homem
pois as mulheres
eram sempre enquadradas
na altura dos seios

e no fundo de toda
história de amor
fica mofando
sempre
uma história de ama

e foi um cineasta
não um historiador
Marcel Pagnol
que descobriu o segredo
da máscara de ferro
e ao mesmo tempo
a origem
do *close*
o rosto do rei
na face da moeda

e foi Sartre
que lançou a ideia
da *caméra stylo**
para o jovem
Alexandre Astruc
sugerindo que a câmera sucumbisse
à guilhotina
do sentido
e não se reerguesse mais

sim
chega a noite escura
um outro mundo se ergue
como se tivéssemos eliminado
a perspectiva
o ponto de fuga

e o mais estranho
é que os mortos

---

* câmera-caneta

vivos desse mundo
são construídos
sobre o mundo de antes
suas reflexões, suas sensações
são as mesmas de antes

e a coisa só existe
graças ao nome que lhe dou
pobre da coisa
e que eu sou
Albertine desaparecida: a fugitiva
durante muito tempo
deitava-me bem cedo
falo isso
e de repente
Albertine desaparece
e o tempo é redescoberto
e isso porque
é o romancista que fala

mas se fosse
um homem do cinema
se precisássemos falar sem falar nada
por exemplo
despertava-me mal cedo
precisaríamos do cinema
também para as palavras que não saem
da garganta
também para desenterrar a verdade

certifique-se de ter esgotado
tudo o que se comunica

pela imobilidade
e pelo silêncio
ah, pátria minha
será verdade
é assim que te imagino
faz muito tempo
o fim é a tela
que não passa de uma superfície
lugar alegre, mágico
estonteante
ó terra amada
onde estás

se uma imagem
olhada à parte
expressar claramente algo
se trouxer em si
uma interpretação
ela não vai se transformar
em contato com outras imagens
as outras imagens não vão ter
poder algum sobre ela
e ela não vai ter poder algum
sobre as outras imagens
nem ação
nem reação
ela é definitiva e inutilizável
dentro do sistema
do cinematógrafo

os filmes são
mercadorias

e é preciso queimar os filmes
falei isso para Langlois
mas veja bem
queimar com o fogo interior
matéria e memória
a arte é como um incêndio
nasce
daquilo que queima

será que se pode contar o tempo

o tempo por ele mesmo
como tal
e em si
não, na verdade
seria uma loucura uma empreitada dessas
uma narrativa em que seria dito
o tempo passava
corria
o tempo seguia seu curso
história do cinema
em sã consciência um homem jamais
iria tomá-la por uma narração
história do cinema

quando,
ó, quando
quando foi que existiu a criação
isenta de forma
quando ó, quando foi que
sem destino
ela se fez

e sem sonhos
sem ser vigília, nem sono
sendo senão um instante
um canto
uma voz única
inevocável
um risonho chamado
outrora, surgiu a criança
um dia, surgiu a criação
um dia, ela será
milagre liberto do acaso
evocação mágica
de um mundo distante
e remoto
a beleza
assim é a beleza
e é por isso
que ela é também uma nova queda
à pré-divindade
e é por isso
que ela é para o homem
uma reminiscência
de algo
ó, retorno à terra natal
retorno daquele que já não precisa
ser convidado
impossível
restaurar o sorriso
de quando ficávamos outrora
quietinhos e encolhidos
impossível
restaurar o risonho abraço

a plenitude da existência
do despertar
ou da iminência do despertar
impossível restaurar a maciez
em que afundamos o rosto
para que a nossa visão
não se mostrasse ser
um simples acaso

quando tudo era nosso
quando tudo nos fora ofertado
ó, retorno à terra natal
ó, o tempo universal
quando nada era mudo
para os olhos mudos da criança
e quando tudo era
nova criação
ó, música
do mundo interior e exterior
beleza, jogo por si só
jogo que o homem joga
com seu próprio símbolo
por ser sua única chance
de escapar ao menos simbolicamente
da angústia da solidão
repetindo sempre
outra vez
a belíssima autossugestão
a fuga na beleza
o jogo da fuga

o desespero da arte
e seu intento desesperado
de criar o imperecível
com coisas
perecíveis
com palavras
sons
pedras, cores
para ver se o espaço a que se deu forma dura
para além das eras

e embora os poderosos desse mundo
tenham construído salas de festa
e mais e mais salas
enchendo-as de brilho com tochas
e com música
e incorporando ao entorno corpos
e mais e mais corpos
e rostos
e mais e mais rostos

isso também não era
nada mais que uma forma de sono

falei nem uma arte, nem uma técnica
mas um mistério
e, para solucioná-lo
uma simples poção mágica
para trazer luz à nossa lanterna
mágica
ela também, não é mesmo
mas

a história do cinema
está ligada antes de mais nada à
da medicina
os corpos torturados de Eisenstein
para além de Caravaggio
e el Greco
são um aceno para
os primeiros escalpelados de Vesalius

e o famoso olhar
de Joan Fontaine
diante do copo de leite
não é uma resposta
a uma heroína de Delacroix
mas ao cão de Pasteur
pois toda a fortuna da Kodak
foi feita
com chapas de raios x
não com a Branca de Neve

pois, mais uma vez,
já que o cinema quis
imitar o movimento da vida
nada mais normal
nada mais lógico
do que a indústria do filme
ter primeiro se vendido
à indústria da morte
ah, quantos roteiros
sobre um recém-nascido
sobre uma flor se abrindo

mas quantos
sobre rajadas de metralhadora

porque
eis o que aconteceu
a fotografia
poderia ter sido inventada em cores
elas existiam
mas eis que
no alvorecer do século xx
a tecnicidade resolveu
reproduzir a vida
então inventaram a fotografia
mas como a moral
ainda era forte
e como se preparavam
para retirar da vida
até mesmo a sua identidade
ficamos de luto por essa sentença de morte
e foi com as cores do luto
o preto e o branco
que a foto
passou a existir

não foi por causa da gravura
o primeiro buquê de flores de Nadar
não é uma cópia
de uma litografia de Doré
é a sua negação
e, num instante
para mascarar o luto
nos primeiros filmes em *technicolor*,

vão dominar os tons
das coroas funerárias
e Scarlett O'Hara
vai repetir para si pela segunda vez
que vai pensar nisso amanhã
no quê
na felicidade
porque é preciso ficar de luto
mas esquecendo-se dele
não é mesmo

e madame de Staël
disse para nós como
escreveu para Napoleão
a glória, Senhor
é o luto estridente da felicidade
a glória
os holofotes
o oscar
os festivais

mas
por cinquenta Cecil B. de Mille
quantos Dreyer

mas não estou dizendo nada
que não possa ser dito
do espctáculo de variedades

eu
que não passo de um artista
do espetáculo de variedades

# 3
# A MOEDA DO ABSOLUTO
# UMA *VAGUE NOUVELLE*

*Os russos fizeram dois filmes de martírio. Os americanos fizeram filmes comerciais. Os ingleses fizeram o que sempre fazem no cinema, nada. A Alemanha não tinha cinema, não mais. E os franceses fizeram* Silvia e o fantasma. *Os poloneses fizeram dois filmes de expiação,* A passageira *e* A última etapa, *e um filme de memórias,* Kanal. *E depois acabaram acolhendo Spielberg. Foi quando "nunca mais assim" tornou-se "é sempre assim". Enquanto isso, com* Roma, cidade aberta, *a Itália simplesmente reconquistou o direito de se encarar como nação. E veio então a espantosa safra do grande cinema italiano. Mas tem uma coisa estranha. Como é que o cinema italiano pôde se tornar tão grande se nenhum deles, de Rossellini a Visconti, de Antonioni a Fellini, gravava o som junto com as imagens?*
*Uma só resposta. A língua de Ovídio e Virgílio, de Dante e de Leopardi, tinha se entranhado nas imagens.*

## *capítulo 3(a)*
## *a moeda do absoluto*

faz-se necessário
chamar
a atenção dos governos europeus
para um fato tão ínfimo
aparentemente
que os governos
mal parecem perceber
tal é
o fato
um povo está sendo assassinado
onde
na Europa
será que há testemunha
uma testemunha
o mundo inteiro
será que os governos estão vendo
não
as nações têm acima delas
algo
que está muito abaixo delas
os governos

existem certos momentos
em que esse contrassenso salta aos olhos
a civilização
reside nos povos
a barbárie
reside nos governos

será que essa barbárie é desejada
não
ela é meramente profissional
o que o gênero humano sabe
os governos ignoram
isso se deve
ao fato de que os governos
não veem nada
a não ser através de uma miopia
através da razão de estado
o gênero humano olha
com outros olhos
com a consciência
havemos de deixar estarrecidos
os governos europeus
mostrando-lhes uma coisa
que crimes são crimes
que não é permitido
nem ao governo
nem ao indivíduo
ser assassino
que a Europa é solidária
que tudo que é feito
na Europa
é feito pela Europa

que
se existe um governo de bichos selvagens
ele deve ser tratado como bicho selvagem
que neste exato instante
bem perto de nós

aqui, a um palmo de nossos olhos
estão massacrando
incendiando
pilhando
exterminando
degolando pais e mães
vendendo suas filhas pequenas
e seus filhos pequenos
que
as crianças pequenas demais para ser vendidas
são partidas [ao meio] numa só espadada
que estão queimando famílias dentro de suas casas
que uma dada cidade
Balak, por exemplo,
está sendo reduzida em poucas horas
de nove mil habitantes a mil e trezentos

que
nos cemitérios estão amontoando
mais cadáveres
do que conseguem enterrar
de modo
que aos vivos que trouxeram a carnificina
os mortos estão trazendo a peste
o que é bem feito
havemos de mostrar
aos governos da Europa
o seguinte
que estão abrindo as barrigas das grávidas
para matar seus filhos
ainda nas suas entranhas
que há

em praça pública
montes de esqueletos de mulheres
com as marcas da estripação
que
os cachorros estão roendo nas ruas
os crânios das meninas estupradas

que
tudo isso é horrível

que bastaria um gesto
dos governos da Europa
para que isso fosse impedido
e que os selvagens
que cometem essas atrocidades
são assustadores
e que os civilizados
que deixam que as cometam
são horripilantes

os governos balbuciam
uma resposta
já tentaram e gaguejaram
dizem assim
vocês estão exagerando

sim, estamos exagerando
não foi em poucas horas
que exterminaram a cidade de Balak
foi em poucos dias
falamos em duzentos vilarejos queimados
e não passam de noventa e nove

o que vocês chamam de peste
é só o tifo
nem todas as mulheres foram estupradas
nem todas as meninas foram vendidas
algumas escaparam
prisioneiros foram castrados
mas também tiveram suas cabeças decepadas
o que minimiza o fato
a criança que dizem ter sido jogada
de uma lança para outra
só foi, na verdade,
parar na ponta de uma baioneta
*et cetera, et cetera*
e aliás
por que esse povo se revolta
por que um rebanho de homens
não deveria se deixar possuir
como um rebanho de bichos
por quê
*et cetera, et cetera, et cetera*

essa forma de falar
aumenta o horror
jogar com a indignação pública
não há nada mais miserável
são atenuações que se tornam agravantes
são pormenores usados em defesa da barbárie
vamos nomear as coisas
pelos seus nomes
assassinar um homem no meio de um matagal
chamado floresta de Bony
ou floresta negra

é um crime
assassinar um povo
no meio de um outro matagal
chamado diplomacia
também é um crime
só que maior
e nada mais

a que ponto haveremos de chegar
no fim do martírio
dessa heroica pequena nação
então dizem assim
vocês esqueceram que temos questões
assassinar um homem é um crime
assassinar um povo é uma questão
cada governo tem suas questões

nós respondemos
a humanidade também tem sua questão
e a questão é esta
ela é maior
que a Índia
a Inglaterra e a Rússia
ela é a criança pequena
na barriga da mãe

os livros sagrados nos dizem
que antes de partir
as filhas de Ló
quiseram olhar para trás
uma última vez
e foram transformadas em estátuas de sal

ora, só filmamos o passado
ou seja
aquilo que se passou
e são os sais de prata
que fixam a luz
nada de estórias
quando eu estava inventando
nada além de estórias
sendo que eu não invento nada
trata-se de quais histórias então
daquela da batalha de Borodino
e do fim da dominação francesa
contada por Tolstói
aquela da batalha de Bagdá
contada pela CNN
o triunfo da televisão americana
e do seu fã-clube

um alemão, Erich Pommer
fundador da Universal
hoje, Matsushita Electronics
exclamava
vou fazer o mundo inteiro chorar
sem sair das suas poltronas
será que podemos dizer que conseguiu
por um lado
é verdade
que os jornais e as televisões
do mundo inteiro
só mostram morte
e lágrimas
mas por outro lado

é verdade também
que aqueles que não param
de assistir à televisão
acabam sem lágrimas para chorar
desaprendem a ver
pois é
qual será a história que queremos
supondo que sejamos dignos
da Cartuxa
e dos crimes e castigos

veja o que pedia
David O. Selznick
quero del Rio e Tyrone Power
num romance
com os mares da Polinésia como cenário
pouco importa o enredo
desde que o título seja
*birds of paradise*
e que del Rio pule no final
dentro de um vulcão

eu estava só
como se diz, perdido
em meus pensamentos

tinha um livro nas mãos
Manet, de Georges Bataille
todas as mulheres de Manet
parecem falar
eu sei o que você está pensando
provavelmente porque

antes desse pintor
e eu soube disso por Malraux
a realidade interior
permanecia tão indecifrável
quanto o cosmos

os célebres e pálidos sorrisos
de da Vinci e de Vermeer
primeiro dizem eu
eu
e o mundo vem depois

e até mesmo a mulher
com echarpe rosa
de Corot
não pensa
aquilo que pensa
Olympia

aquilo que pensa Berthe Morisot
aquilo que pensa
a garçonete do Folies Bergère
porque o mundo ou melhor
o mundo interior
uniu-se ao cosmos
e porque começa
com Edouard Manet
a pintura moderna
ou seja
o cinematógrafo
ou seja
formas que caminham

na direção da palavra
mais precisamente
uma forma que pensa
que o cinema a princípio foi feito
para pensar
disso a gente logo vai se esquecer
mas já é uma outra história
a chama vai se apagar
definitivamente

em Auschwitz
pensamento para não se levar na flauta
ou no pífaro

sim, eu estava só
como se diz, perdido
em meus pensamentos
aí chega Émile Zola
como sempre com sua máquina fotográfica
finaliza Naná com estas palavras
a Berlim, a Berlim
então chega Catherine Hessling
e quarenta anos
e duas guerras depois de Zola
como que por obra do acaso
ela pega o trem para Berlim
é a primeira
coprodução com a UFA

a última será cais das sombras
mas Goebbels estragará tudo

ele não viu com bons olhos
Michèle Morgan e seus belos olhos

pois é, infelizmente
eu estava só também
a pensar que tinha muita gente ainda
naquele trem
de mil novecentos e quarenta e dois
um ano antes
da liberação de Paris
Viviane
Albert, Danielle, Suzy
Junie

enquanto iria cair
a resistência no platô de Glières
apesar do apoio
que a mais jovem
das damas
do Bois de Boulogne
lhe ofereceu
com um murmúrio

tinha muita gente ainda

e provavelmente
estou só ainda
a imaginar que um dos visitantes
daquelas tristes noites
de quarenta e dois
que Gilles
não, não aquele de Drieu

faz uma visita a Dominique
um erro, Anne
e pergunta
então, a gente pega ou não pega
esse trem de quarenta e dois
e que o coração deles palpita
e palpita e palpita

sim, eu estava só naquela noite
com os meus sonhos

cinquenta anos se passaram
e a gente comemora a liberação de Paris
ou melhor, a televisão
já que todo poder se transformou em espetáculo
ela prepara um grande espetáculo
mas nem sequer se condecora
Guy Debord
e já que o cinema francês
jamais se libertou dos alemães
nem dos americanos
não terá ninguém para filmar
o valente e afável Claude Roy
que se apodera do CNC
essa cidadela construída por Vichy
e as ondas reconstituídas
pelas câmeras japonesas
esquecerão
uma vez mais
de enterrar os mortos
como tinha feito o poeta

que a poesia
é antes de mais nada resistência
Óssip Mandelstam
evidentemente
já sabia
mas é um costume
ignorar os russos
hoje em dia

tudo isso para falar o seguinte
o que é que fez
com que em quarenta
quarenta e cinco
não tenha tido cinema de resistência
não que não tenha tido filmes de resistência
à direita e à esquerda
aqui e ali
mas o único filme
no sentido de cinema
que resistiu à ocupação do cinema
pela América
a uma certa maneira uniforme
de se fazer cinema
foi um filme italiano

nao foi por acaso
a Itália foi o país
que lutou menos
e sofreu muito
mas que traiu duas vezes
e sofreu então
por deixar de ter uma identidade

e se a recuperou
com Roma cidade aberta
foi porque o filme foi feito
por pessoas sem uniforme
foi a única vez

os russos fizeram
dois filmes de martírio
os americanos fizeram
filmes comerciais
os ingleses fizeram o que sempre fazem
no cinema
nada
a Alemanha não tinha cinema
não mais
e os franceses fizeram
Silvia e o fantasma
os poloneses fizeram
dois filmes de expiação
a passageira e a última etapa
e um filme de memórias
Kanal
e depois acabaram
acolhendo Spielberg

foi quando, nunca mais assim
tornou-se
é sempre assim

enquanto que com Roma cidade aberta
a Itália simplesmente
reconquistou o direito

de se encarar
como nação
e veio então
a espantosa safra do grande cinema italiano
mas tem uma coisa estranha
como é que o cinema italiano
pôde se tornar tão grande
se nenhum deles
de Rossellini a Visconti
de Antonioni a Fellini
gravava o som
junto com as imagens
uma só resposta
a língua de Ovídio e Virgílio
de Dante e de Leopardi
tinha se entranhado
nas imagens

*lingua de marmo antico di una cattedrale*
*lingua di spada e pianto di dolore*
*lingua che chiama da una torre al mare*
*lingua di mare che porta nuovi volti*
*lingua di monti esposta a tutti i venti*
*che parla di neve bianca agli aranceti*
*lingua serena, dolce, ospitale*
*la nostra lingua italiana**

---

* língua do mármore antigo de uma catedral/ língua da espada e do pranto de dor/ língua que chama de uma torre para o mar/ língua de mar que traz novos rostos/ língua de montanhas toda exposta ao vento/ que fala de neve branca a laranjais/ língua hospitaleira, doce, serena/ a nossa língua italiana

*lingua di lavoro e lingua per onore
nei mercati stoffe, gioielli e ori
lingua di barche e serenate a mare
lingua di sguardi e sorrisi da lontano
lingua ordinata da un uomo di Firenze
che parla del cielo agli architetti
lingua nuova, divina, universale
la nostra lingua italiana\**

*lingua che parla
di palazzi e fontane
lingua d'osteria tra vino e puttane
lingua di grazia nelle corti e nell'amore
lingua d'amore che è bella da sentire
lingua che canta lungo l'Arno al mare
fino alla sabbia del continente americano
lingua ideale, generosa, sensuale
la nostra lingua italiana\*\**

*e un aeroplano che vola
sull'atlantico tranquillo
sulla rotta polare o quella delle Antille
una rosa rossa color del sangue
spina di una rosa
ti punge e sei sua amante*

---

\* língua de trabalho e língua de honra/ nos mercados tecidos, joias e ouro/ língua dos barcos e serenatas ao mar/ língua de olhares e sorrisos à distância/ língua ordenada por um homem de Florença/ que fala do céu aos arquitetos/ língua nova, divina, universal/ a nossa língua italiana

\*\* língua que fala/ de palácios e chafarizes/ língua das tabernas entre vinho e meretrizes/ língua de graças nas cortes e no amor/ língua de amor bela de se ouvir/ língua que canta ao longo do Arno até o mar/ e as areias do continente americano/ língua ideal, generosa, sensual/ a nossa língua italiana

*e una donna snella*
*che vince nella moda*
*e guida un'auto rossa*
*prestigio della strada*
*poi si sposa con la luce e come un faro*
*proietta al mondo*
*il grande cinema italiano*
*il grande cinema italiano*\*

*lingua dell'opera*
*lingua del bel canto*
*che canta con violini*
*e gioca col suo accento*
*lingua dello spazio*
*e termini in inglese*
*della scissione a freddo*
*e formule in francese*
*lingua di pace*
*lingua di cultura*
*dell'avanguardia*
*internazionale*

*la lingua mia, la tua*

*la nostra lingua italiana*\*\*

\* o um avião sobrevoando/ em calmaria o Atlântico/ na rota polar ou naquela das Antilhas/ uma rosa vermelha cor de sangue/ espinho de uma rosa/ te espeta e és sua amante/ e uma mulher esbelta/ que brilha na moda/ e dirige um carro da cor da rosa/ prestígio da estrada/ então desposa a luz e como um farol/ projeta para o mundo/ o grande cinema italiano/ o grande cinema italiano

\*\* língua da ópera/ língua do bel canto/ que canta com violinos/ e brinca com o sotaque/ língua do espaço/ e termos em inglês/ do corte brusco/ e fórmulas em francês/ língua de paz/ língua de cultura/ língua da vanguarda/ internacional// língua minha, tua/ a nossa língua italiana

## *capítulo 3(b)*
## *uma* vague nouvelle

diga, o senhor tem
conhecimento
das dez proposições históricas
sobre o antigo testamento
não
o texto de Scholem afirma
que existe uma tradição
no que concerne à verdade
e que essa tradição é transmissível
estou rindo
porque a verdade de que se trata aqui
cá entre nós
tem todo tipo de propriedade
mas com certeza não
a de ser transmissível
não consigo ver
o que é que você quer dizer então
muito bem falado
não consigo ver
e no entanto eu vi
não
ouvi
sim, é o que eu diria

em outros lugares
em todos os países onde existem homens
que lutam

por uma sociedade
em que não seríamos escravos
do dinheiro
mas o senhor não vai entender isso, não, senhor
que a gente não vive para ganhar dinheiro
não, ouvindo você
eu começo a entender
mas daí
a transformar isso
numa obsessão

você nunca pensa em mais nada
no amor
não, nunca
a perspectiva foi o pecado original
da pintura ocidental
Niépce e Lumière
foram os redentores
e quando tenho admiração por um filme
dizem para mim
sim é muito bonito
mas não é cinema

então me veio a pergunta
o que é

não venho para abolir nada
pelo contrário
venho para concretizar
não se pode servir
a deus
e ao dinheiro

então quando você der uma esmola
que a mão esquerda ignore
o que a direita acaba de fazer
para que assim a esmola
seja mantida em segredo
e o pai
que sempre
enxerga os gestos secretos
dará sua recompensa
e você será julgado
da mesma forma que julgar os outros
que lhe seja dado
exercer a justiça
com toda equidade
pois é com a medida
que você usar para medir
que você será medido
esta deve ser
sua prece de cada dia
mas
me ajude aqui, meu deus
grisbi, o ouro maldito

ó retorno à terra natal
ó retorno daquele
que já não precisa
ser convidado
ó quando então
que chegaria o fim
onde
que chegaria o fim

quando
que a maldição
iria ser quebrada
será que havia um último patamar
na amplificação
do silêncio

ao indivíduo parece
que sim

mas quanto
ó quanto pranto
para se fazer uma canção
será que o mal ainda existia
a voz do homem
incorporada ao tecido do universo
não oferecia
resposta alguma
e quase
parecia
que não haveria resposta alguma
antes que viesse o dia
como se tudo, de novo
fosse apenas uma espera
uma espera pelo astro do dia
como se nada
além daquilo
fosse legítimo

é porque pela última vez
a escuridão reúne forças
para derrotar a luz

mas é pelas costas
que a luz irá golpear a escuridão
e primeiro, bem baixinho
como que para não assustar o homem
o sussurro
que ele já tinha percebido
há muito tempo
ah tanto tempo
antes mesmo de o homem existir

o sussurro
recomeça

a última lição
de Fernand Braudel
nada de estórias
bem como Étienne Jules Marey
pediu
o santo homem levanta pistas
e toma medidas
a identidade da França
a identidade do cinema
a identidade
da *nouvelle vague*
uma noite
fomos até
Henri Langlois
e então
fez-se a luz

é que, digamos assim
o verdadeiro cinema

aos nossos olhos provincianos não tinha sequer
a cara de madame Arnoux
nos sonhos
de Frédéric Moreau
o cinema, nós o conhecíamos
por Canudo
por Delluc
mas sem nunca ter visto
não tinha nada a ver
com os filmes de sábado
exibidos no Vox, no Palace, no Miramar
no Variétés
pois esses filmes eram
para todo mundo

não para nós
menos para nós
já que o verdadeiro cinema
era aquele que não se pode ver
e apenas ele

era, era
era Mary Duncan
não é mesmo
Jean George Auriol
mas nós nunca veríamos
o rio da vida
e foi preciso amá-lo
cegamente
e de cor
foi igual
com as multidões de outubro

e aquelas do que viva México
não é mesmo
Jay Leyda
foi igual
com os bondes
de aurora

não é mesmo
Lotte Eisner

porque esquecido já
proibido ainda
invisível sempre

esse era o nosso cinema
e ficou em mim assim
e Langlois confirmou para nós
é esta a palavra certa
que a imagem
é antes de mais nada da ordem da redenção
mas atenção, redenção do real
ficamos então deslumbrados
mais que el Greco na Itália
que Goya, também
na Itália
que Picasso diante de Goya
nós éramos, sem passado
e o homem da avenue de Messine
nos doou esse passado
metamorfoseado em presente
em plena Indochina
em plena Argélia

e quando ele fez a primeira projeção
da esperança
não foi com a guerra civil espanhola
que tivemos um sobressalto
mas
com a fraternidade das metáforas

*she's gone for ever*
*I know*
*when one is dead*
*and when*
*one lives*
*lend me a looking-glass*\*

nosso único erro foi acreditar
que aquilo era um começo
que Stroheim não tinha sido
assassinado
que Vigo não tinha sido
jogado na lama
que os incompreendidos perseveravam
enquanto se enfraqueciam
e trinta anos depois
foi preciso admitir
que se a coragem tinha sido derrotada
foi preciso admitir
que deve ter sido
não por coragem
mas por fraqueza
e, talvez, não é mesmo

\* ela se foi para sempre/ eu sei dizer/ se alguém está morto/ ou se/ está vivo/ me empreste um espelho

o que me restava
era descobrir por fim
que as forças de interação fracas
a quarta parede da casa do mundo
segundo os físicos
que essa força fraca é também
aquela da arte
e do seu filho caçula
o cinematógrafo


nossa, que museu é esse
camisetas
*nouvelle vague*, Audrey
*nouvelle vague*
e Daumier, o que tem a ver com *nouvelle vague*
estamos fechando
estamos fechando, jovens
pergunta para o vigia
gostaram
sim, tem umas coisas interessantes
eu não concordo
a gente só vê fotos de obras
mas nunca de gente
era isso, a *nouvelle vague*
a política dos autores
não os autores
as obras
seu amigo tem razão, senhorita
primeiro as obras
os homens, depois
então o senhor não tem coração

dá para filmar o trabalho
senhorita, não os corações
não sei, não, viu, senhor
estamos em tempos de muito desemprego

mas quem é que não tem trabalho
senhorita
existem tempos com
mãos demais
e corações de menos
sim, tempos sem coração
mas não sem trabalho
quando uma época está doente
e sem trabalho
para todas as mãos
é um novo estímulo
que recebemos
estímulo
para trabalhar com o coração
em vez
de empregar as mãos
e eu desconheço uma época
até então
que não tenha tido emprego
para todos os corações

mesmo assim
Becker
Rossellini
Melville
Franju

Jacques Demy
Truffaut
o senhor os conheceu

sim, eram meus amigos

# 4
# O CONTROLE DO UNIVERSO
# OS SIGNOS ENTRE NÓS

*Sim, mas a história. No fundo, o que ela é? Bem lá no fundo. Malraux: todos nós sentíamos que o que estava em jogo pertencia a um campo mais obscuro que o campo da política. Braudel: mensuremos a multidão daqueles que não admitem a sua miséria. O número de corações que querem ser eles mesmos, viver a própria vida, apesar de tudo. Como se a nossa vida fosse nossa. Infelizmente, à nossa disposição. E aquele sacana do Cioran: nada do que sabemos passa sem expiação. Pagamos caro, cedo ou tarde, por toda e qualquer coragem do pensamento ou indiscrição do espírito. E o jovem Péguy: ah, a história! uma fidelidade sombria às coisas que caíram por terra. O que é que sempre acontece, meu amigo? Cai a noite. Terminam as férias. Preciso de um dia para fazer a história de um segundo. Preciso de um ano para fazer a história de um minuto. Preciso de uma vida para fazer a história de uma hora. Preciso de uma eternidade para fazer a história de um dia. Tudo pode ser feito, menos a história do que fazemos.*

## *capítulo 4(a)*
## *o controle do universo*

*à demi-voix*
*d'une voix douce*
*et faible*
*disant de grandes choses*
*d'importantes*
*d'étonnantes*
*de profondes*
*et justes choses*

*d'une voix*
*douce et faible*
*la menace du tonnerre*
*la présence d'absolus*
*dans une voix de rouge-gorge*
*dans le détail fin*
*d'une flûte*
*et la délicatesse du son pur*
*tout le soleil suggéré*
*au moyen*
*d'un demi-sourire*
*ô demi-voix*
*et d'une sorte de murmure*
*en français infiniment pur**

---

\* a meia-voz/ com uma voz doce/ e branda/ falando grandes coisas/ importantes/ deslumbrantes/ profundas/ e justas coisas// numa voz/ doce e branda/ a ameaça do trovão/ a presença de absolutos/ numa voz de pisco-de-peito-ruivo/ no detalhe fino/ de uma flauta/ e na delicadeza do som puro/ todo o sol sugerido/ através/ de um meio-sorriso/ ó meia-voz/ e por uma sorte de murmúrio/ em um francês infinitamente puro

*qui n'eût saisit les mots*
*qui l'eût ouï à quelque distance*
*aurait cru qu'il disait des riens*
*et c'étaient des riens pour l'oreille*
*rassurée*
*mais ce contraste et cette musique*
*cette voix*
*ridant l'air à peine*
*cette puissance chuchotée*
*ces perspectives, ces découvertes*
*ces abîmes*
*et ces manœuvres devinées*
*ce sourire congédiant l'univers*

*je songe aussi pour finir*
*au bruit de soie*
*seul et discret*
*d'un feu qui se consume*
*en creant toute la chambre*
*et qui se parle*
*ou qui me parle*
*presque pour soi*\*

---

\* quem não distinguisse as palavras/ quem ouvisse a uma certa distância/ acreditaria que não era nada/ e não era nada/ aos ouvidos/ acomodados/ mas esse contraste e essa música/ essa voz/ mal sulcando o ar/ essa potência sussurrada/ essas perspectivas, essas descobertas/ esses abismos/ e essas manobras adivinhadas/ esse sorriso dando adeus ao universo// também sonho por fim/ com o barulho da seda/ só e discreto/ o do fogo que se consome/ a criar todo o lar/ e que se fala/ ou que me fala/ quase que para si

o espírito só é verdadeiro
quando manifesta sua presença
e na palavra manifestar
há algo de manual

o amor é o ápice
do espírito
e o amor ao próximo
é um ato

ou seja uma mão estendida

não
um sentimento disfarçado
um ideal

que passa pelo caminho de Jericó
diante do homem
despojado pelos salteadores
polícia, propaganda
estado
eis a mão
eis o nome do deus tirano
que a vaidosa razão dos homens
soube criar à sua imagem

quando se destrói
a palavra
quando ela deixa de ser
uma doação
de um ao outro
doação que leva alguma coisa

do seu ser
é o afeto humano
que se destrói

tal é a inquietação dos povos
ela não é material
a princípio
ela é a princípio essa inquietação
do coração e do espírito
nascida da morte do afeto
eu não acredito
em vozes misteriosas
mas acredito no apelo dos fatos
consideremos os tempos
os lugares em que vivemos
a situação específica
que diante de nós se apresenta
e o apelo que resulta dela
e em seguida
julguemos
a Europa dos nossos dias
nesta Europa
duas espécies
de nações
aquelas ditas
velhas
e aquelas ditas
rejuvenescidas

aquelas que resguardaram
um certo número de possibilidades
mas que não sabem bem o que fazer

com essa liberdade de que se gabam
e aquelas
que fizeram ou sofreram a partir das guerras
uma revolução das massas
e que possuem liberdade de opinião
ou seja
liberdade de se queixar
mas sem muita paixão
e onde a miséria fica da porta para fora
mas parecendo que não há nada
a se fazer senão esperar até que ela entre

a miséria
o último argumento
o último fundamento da comunidade
moderna
ela é a tela de fundo
de todos nossos dramas
de nossos pensamentos
de nossas ações
e até mesmo de nossas utopias
mas é claro que levando em conta
que o essencial não é
o que um ditador pensa
não é a urgência material
mas uma verdade num nível mais alto
a verdade
à altura do homem
e devo acrescentar
ao alcance das mãos

passou da hora de o pensamento
voltar a ser o que é
na realidade
perigoso para o pensador
e transformador do real
quando eu crio
sou verdadeiro
escreveu Rilke

dizem que enquanto uns pensam
outros agem
mas a verdadeira condição do homem
é a de pensar com as mãos

quem sou eu para falar mal
de nossos instrumentos
mas eu os quero utilizáveis
se é verdade, no geral
que o perigo não reside nos instrumentos
mas na fraqueza
de nossas mãos
também se faz urgente
esclarecer
que um pensamento que se abandona
ao ritmo de sua mecânica
propriamente
se proletariza

o que quero dizer
é que tal pensamento
deixa de viver de sua criação
os outros formam o homem

eu o recito
quem são esses outros
agora sabemos
são as leis
que nascem
do abandono do pensamento
quem são os responsáveis
não são os partidos
não são as classes
nem os governos

são os homens
um por um
sim, também eu me encontro
furioso
e dilacerado
por uma inelutável ironia
do contrário, eu não gritaria
mas o silêncio
não é dado ao homem
por esforço seu
o silêncio e a inteligência piedosa
são obra exclusiva do perdão

é preocupação sua
e não minha
reinar sobre a ausência
disse um poeta

a verdadeira violência
é um feito do espírito
em todo ato criador há uma ameaça

real
para o homem que ousa realizá-lo
é desse modo que uma obra
toca o espectador ou o leitor
se o pensamento se nega a impor peso
violência
expõe-se ao risco de sofrer em vão
todas as brutalidades
liberadas por essa ausência

às vezes ficamos tentados
a desejar que na França
a atividade do espírito
volte a ser
passível de prisão
voltaríamos a levar
um pouco mais a sério
os espíritos livres

o lugar de toda decisão
criadora
é o indivíduo
de onde resulta
que toda a agitação do mundo
nada mais é
que uma certa questão
que me é endereçada
e que só se torna precisa em mim
no instante
em que ela me leva ao ato

os partidários do nós
estavam enganados
sobre o indivíduo
as contradições do mundo
figuram na equação
fundamental
de toda existência
x é um indivíduo
um elemento criador
uma liberdade incalculável

o homem
enquanto homem
é de fato um criador
mas um criador criado
é na esperança
que somos salvos
mas essa esperança é verdadeira
pois o tempo destrói o ato
mas
o ato é juiz do tempo

enquanto o acrobata
está à mercê
do equilíbrio mais instável
surge em nós um desejo

e esse desejo é
estranhamente dúbio
e nulo
desejamos
que ele caia

e desejamos
que não caia
e esse desejo é necessário

não temos como evitar
esse desejo
em toda sua contradição
e sinceridade
pois ele é o retrato ingênuo
da nossa alma
naquele exato instante
ela sente que o homem cairá
tem de cair, vai cair
e em si
ela consuma sua queda
e reprime a emoção que sente
ao desejar o que ela prevê
para ela
o homem já caiu
ela não acredita no que vê
seu olhar não iria segui-lo
sobre a corda
não continuaria empurrando-o
a cada instante
se ele já não tivesse caído

mas ela vê
que ele ainda não caiu
e tem de aceitar
que então existem razões
para que ele não caia
e invoca essas razões

suplicando que durem
às vezes, é dessa forma
que a existência
de todas as coisas
e de nós mesmos
se mostra para nós

primeiro imagens
mas aquelas
de que fala são Paulo
e que são uma morte
portanto uma ressurreição

a gente se esquece
do motivo de Joan Fontaine
ter se debruçado
à beira da falésia
e daquilo que
Joel Mc Crea
foi fazer
na Holanda

a gente se esquece
daquilo que
Montgomery Clift mantém
eternamente em silêncio
e do motivo para Janet Leigh
ter parado no Bates motel
e do motivo para Teresa Wright
ter seguido apaixonada
pelo tio Charlie
a gente esquece

daquilo de que Henry Fonda
não é
totalmente culpado
e do motivo exato
para o governo americano
ter contratado Ingrid Bergman

mas
a gente se lembra
de uma bolsa
mas
a gente se lembra de um ônibus
no deserto
mas a gente se lembra
de um copo de leite
das pás de um moinho
de uma escova de cabelo
mas
a gente se lembra
de uma adega de vinho
de um par de óculos
de uma partitura musical
de um molho de chaves

porque com isso
e através disso
Alfred Hitchcock consegue
aquilo em que fracassaram
Alexandre, Júlio César
Napoleão
assumir o controle
do universo

pode ser que
dez mil pessoas
não se esqueçam
da maçã de Cézanne
mas há um bilhão
de espectadores
que se vão se lembrar
do isqueiro
do pacto sinistro

e se Alfred Hitchcock
foi o único
poeta maldito
a viver a fama
é porque foi
o maior
criador de formas
do século XX
e porque são as formas
que nos dizem
no final
o que está por trás
das coisas
ora, o que é a arte
senão aquilo através do que
as formas se tornam estilo
e o que é o estilo
senão o homem

assim é uma loira
sem sutiã

seguida por um detetive
que sente vertigem
que vai nos trazer
a prova
de que tudo isso
é puro cinema
em outras palavras
a infância da arte

no início
ele não sentia
quase nada
e achava
que sabia de tudo
depois
habitado somente
pela dúvida, pela dor
pelo pavor
diante do mistério
da vida
começa a oscilar
e então
sentindo tudo
ele acreditava
não saber de nada

e no entanto
da quietude
à inquietação
dos registros amorosos
do início
à forma hesitante

mas essencial
do final
é
a mesma força central
que moveu
o cinema

nós a acompanhamos do interior
de forma em forma
com a sombra
e o raio de luz
que ronda
e ilumina isto
esconde aquilo
faz surgir um ombro
um rosto
um dedo em riste
uma janela aberta
uma fronte
uma criança
numa manjedoura

o que mergulha
na luz
é a reverberação
do que o escuro submerge
o que submerge
no escuro
prolonga no invisível
o que mergulha
na luz
o pensamento, o olhar

a palavra
a ação
ligam aquela fronte
àquele olho, àquela boca
àquela mão
de volumes
que mal são percebidos
nas sombras
das cabeças e corpos
inclinados em volta
a um nascimento
uma agonia
ou uma morte

mesmo
ou talvez sobretudo
quando ele não tem
outro instrumento
de trabalho
senão o preto e o branco
mesmo assim
ele maneja o mundo
como um drama constante
que a claridade
e o breu
modelam
cavam, convulsionam
acalmam
e fazem nascer
e morrer
conforme sua paixão
sua tristeza

seu desejo desesperado
de eternidade
e de absoluto
que tumultuam
o coração

um farol de um carro
um rosto adormecido
trevas que tomam vida
seres debruçados
sobre um berço
em que recai toda a luz
um fuzilado
contra uma parede suja

um caminho enlameado
beirando o mar
uma esquina de uma rua
um céu obscuro
um raio de luz sobre um prado
o império do vento
descoberto numa nuvem
que passa
nada além de traços escuros
que se cruzam
sobre um tecido claro
e a tragédia do espaço
e a tragédia
da vida
contorcem a tela
com seu fogo

o cinema foi o único
a perceber
que se cada um
cumprir seu papel
as massas se organizam
sozinhas
em um perfeito
equilíbrio
que a luz recai
onde for preciso
e ignora
o que for preciso
porque é importante
que ela clareie um ponto
da cena
e que a sombra
possa reinar em outro

foi o único
a ter estado
sempre presente
em tudo
que observava
o único que pôde
se permitir misturar
a lama
ao brilho dos olhos
introduzir o fogo
nas cinzas
fazer cintilar
numa mortalha
uma rosa

ou um azul pálido
tão viçoso
quanto uma rosa

sua humanidade
é realmente formidável
é fatal
como a queixa
devastadora
como o amor
dramático
como a troca
indiferente e contínua
entre tudo que nasce
e tudo
que morre

seguindo
nossa marcha rumo à morte
sobre os rastros de sangue
que são sua marca
o cinema não chora
por nós
ele não nos reconforta
já que está
conosco
já que é
nós mesmos
está lá
quando o berço se clareia
está lá
quando a moça

aparece para nós
debruçada na janela
com seus olhos
de desconhecimento
e uma pérola
entre os seios
está lá
quando a despimos
quando seu busto firme
se estremece
com o ritmo febril
de nossos batimentos

está lá ainda
quando ela está envelhecida
quando seu rosto
está cheio de rugas
e suas mãos ressequidas
nos dizem
que ela não guarda rancor
pela vida
por esta lhe ter feito
algum mal
está lá
quando a mulher
abre as pernas para nós
com
a mesma emoção maternal
que sente
ao abrir os braços
para o filho
está lá

quando cai dela
o fruto
uma, duas, três
oh quantas vezes
ao longo da vida

ainda está lá
quando ficamos velhos
quando olhamos fixamente
para a noite
que chega
e está lá
quando morremos

e nosso cadáver
estende o sudário
aos braços dos nossos filhos

eis-me aqui
sou de vocês
como sou
como sou

quem quiser
se lembrar
há de se entregar
ao esquecimento
ao risco que é
o esquecimento absoluto
e a
esse belo acaso
em que se transforma então
a lembrança

## *capítulo 4(b)*
## *os signos entre nós*

o homem
o homem
tem
no seu pobre coração
lugares
lugares
que não existem
ainda não existem
nos quais
a dor
entra
para
que eles passem a existir
que eles passem a existir

e eu entendo
melhor
por que tive
tanta dificuldade
para começar
ainda há pouco
entendo bem
agora
qual é a voz
que eu gostaria
que tivesse me precedido
que tivesse me carregado

que tivesse me convidado
a falar
e que tivesse se alojado
no meu próprio discurso
entendo
o que havia
de tão temível
para se tomar
a palavra
já que eu tomava a palavra
nesse lugar
onde escutei meu discurso
e onde ele já não está mais
para
me ouvir

oh, que
desvelando o instante
mais solitário
da natureza
minha melodia
toda e única
se entone
no céu noturno
e redobre
e dê
tudo de si
e diga a coisa
como é a coisa
e tombe
e retome
e seja de dar dó

oh
solo de soluços
e retome
e tombe
conforme a tarefa
que lhe toca

às vezes eu ouço
os homens
contarem

às vezes
eu ouço
os homens contarem
o prazer
que tiveram
com esta
ou aquela outra
não
não são
uma grosseria
palavras às vezes
diretas demais
não
mas sei lá
dá vontade
de falar
ora
ora
não foi bem assim
não
não tem palavras

para isso
isso não cabe
em frases
ou melhor
se eu começo
uma frase
acreditando ter ali
na ponta
da língua
a cena
o momento
a cor

o vestido caído
aquela luz
sobre o corpo
da mulher
uma alça
deslizando sobre o ombro
e aquela sensação
de medo
misturado com pressa
ali com ela
com os braços
com a cabeça meio perdida
na desordem
que se instala
na memória
não é que eu tenha
realmente esquecido
mas aquilo se esvai

se eu forço
a lembrança
de repente
entendo
o que está acontecendo
estou imaginando
isso mesmo
não estou mais lembrando
eu estou imaginando
então, agora
já é dia
eu acho

você está surda
Rachel, cruel
mas já tenho
o que eu queria
você não tem
coisa nenhuma
para amar
é preciso um corpo
não é verdade
aqui
o que é verdade

em 1932
o holandês Jan Oort
estuda as estrelas
que estão se descolando
da via láctea
em pouco tempo
como era previsto

a gravidade as atrai
de volta
com o estudo das posições
e da velocidade
dessas estrelas reintegradas
Oort conseguiu calcular
a massa da nossa galáxia
e que surpresa foi
descobrir
que a matéria visível
não representava senão
cinquenta por cento
da massa necessária
para se gerar
tamanha força
gravitacional
onde é que foi parar
a outra metade
do universo
a matéria fantasma
nascia ali
onipresente
mas invisível

não entre
sem violência
nessa doce noite

tempos em que
no campo
desconfiamos
dos latidos dos cachorros

no escuro da noite
tempos em que
paraquedas multicolores
carregados de armas
e cigarros
caem do céu
à luz do fogo
nas clareiras
ou nos planaltos
tempos de porões
e gritos desesperados
soltos pelos torturados
com vozes de criança
a grande luta
das trevas
começou

entre aqui
Jean Moulin
com seu terrível cortejo
com aqueles que morreram
nos porões
sem terem falado
como você
e até mesmo
tendo falado
o que é
ainda mais atroz

de certa forma
veja bem
a sensação de medo é também

filha de Deus
redimida na noite
da sexta-feira santa
não é bela de se ver
não
ora zombada
ora maldita
abandonada por todos
e no entanto
não se engane
ela vai ao leito
de cada agonizante
ela intercede
pelo homem

aquela noite
levantar à noite
toda noite
luz fraca
no quarto
daí
mistério nulo
da janela
não
quase nulo
não existe
nulo

ainda virgem
como um negativo
seja o seu nome
Ilford

Kodak ou Fuji
ainda inteiro
também
e que é só
soprar
com tudo
para ajeitar
qualquer que seja
o nome de quem sopra
Hitchcock
Langlois
Vigo
sim
passemos adiante
montagem de atrações
das ideias
sem reticências
não estamos num romance policial
nem num Céline
esse aí
a gente deixa para ele
a literatura
fez por merecer
o sofrimento
e a pilha
de livros e mais livros
dentro dos regimentos
da linguagem
a gente
com o cinema
é outra coisa
e sobretudo a vida

o que não é novidade
mas é difícil dizer
a vida mal dá
para viver
ou morrer
pois bem
tem os livros
sim
mas no cinema
a gente não tem livros
a gente só tem
a música
e a pintura
e isso aí também
você sabe como é
a gente vive
mas não diz
realmente

então
o cinema
talvez você entenda
um pouco mais agora
por quê
o que falar dele
porque a vida
é o assunto
com o *cinemascope*
e a cor
por atributos
se a gente tiver a mente aberta
a vida

ou melhor
um início de vida
mais ou menos
como a história
dos paralelos de Euclides
um início
de geometria
outras vidas
existiram
e existirão
é só pensar
no lírio que se parte
nos leões
caçados com arcos
no silêncio de um hotel
no norte
da Suécia
mas a vida
dos outros
é desconcertante
sempre
ainda mais
do que a vida
em si
que eu bem que gostaria
de supervalorizar
para que a admirassem
ou reduzi-la
a seus elementos fundamentais
para atrair o interesse
dos estudantes
dos habitantes

da terra no geral
e dos espectadores
dos filmes
em particular
enfim
a vida em si
que eu bem que gostaria
de fazer minha prisioneira
graças a
panorâmicas
da natureza
planos fixos
da morte
imagens curtas
e longas
sons altos
e baixos
atores
e atrizes livres
ou feito escravos
vai saber
mas a vida
se debate
ainda mais que o peixe
de Nanook
e escapa
entre os dedos
como as lembranças
de Monica Vitti
no deserto vermelho
da periferia
de Milão

tudo se vai
e aqui
aproveito
para falar que

por acaso ou não
o único
grande problema
do cinema
parece ser para mim
onde e por que
começar um plano
e onde e por que
terminá-lo

*der schreibt*
*wenn es dunkelt*
*nach Deutschland*
*dein goldenes haar*
*Margarete*
*er schreibt es*
*und tritt*
*vor das Haus*

*und es blitzen*
*die sterne*
*er pfeift*
*seine rüden herbei*
*er pfeift*
*seine juden hervor*
*lässt schaufeln*

*ein grab*
*in der erde**

quando
se sabe
com quantas
mortes
e não falo de mortes
simbólicas
ou mimetizadas
mas mortes reais
se paga o surgimento
de uma única vida
deixa-se de se preocupar
com o mínimo
sentido
somente a vida
preenchida por si mesma
até o ponto
de explodir
e dar
o único sentido
a essa vida
irredutível a qualquer sentido

é vivendo
a combinação
de todas as forças

* ele escreve/ ao escurecer/ na Alemanha/ teus cabelos dourados/ Margarete/ ele escreve/ e sai/ à porta de casa// e estão a faiscar/ as estrelas/ com um assobio/ ele chama seus cães/ com um assobio/ ele chama seus judeus/ para cavarem// uma cova/ na terra

do corpo
que a vida cessa
de questionar
a si mesma
e se admite
como
pura resposta

acontecimento
que deixa até
de precisar proclamar
seu consentimento
com ela mesma
para ser o maior
dos consentimentos
nada que possa
sair com êxito
dessa relação
do corpo
com o mundo
o grau zero
do outro
se coloca
logo que se pronuncia
a palavra homem

mas a Europa
morre de quê
Dostoiévski
nascido no outono
morto no inverno
mas por que

o seu fascínio
por uma criança inocente
martirizada
por uma besta-fera

porque não tem como não haver
um povo russo
a engatinhar
não tem como esses escravos políticos
não serem admiráveis
na sua liberdade moral
não tem como essas bestas-feras
no inferno da embriaguez
e dos massacres
não serem ainda
ricos de uma inconsciência
sem igual hoje na Europa
não tem como esse povo
capaz de tudo às vezes
cruel como uma criança
e que dorme
o resto do tempo
assustadoramente impotente

não tem como no entanto
esse povo não ser o único da Europa
que ainda tem um deus

fique calada
Cassandra
antes que

a gente
desperte

quanto
mas quanto
amor temos
pelo abrir das cortinas
para nos despojarmos
de nossos sonhos
como é que ousamos
despertar
e trazê-los
à luz
ó
na luz
cada um de nós
traz
ao seu redor
os sonhos invisíveis
a música
eleva-nos todos
àquele
raio de luz
você sabe
que escapa
pelas cortinas
enquanto a orquestra
afina
os violinos

começa a dança
então nossas mãos

se aproximam
e se separam
nossos olhos
mergulham
nos do outro
nossos corpos
se tocam
com cuidado
um evita
despertar
o outro
do sonho
fazer o outro
voltar
à obscuridade
sair da escuridão
da noite
que não é
o dia
como
nós nos amamos

é disso aliás
que gosto
em geral
no cinema
uma saturação
de signos mágicos
que se banham
na luz
da sua ausência
de explicação

isto não se fala
não se fala
não se fala
isto se escreve
Flaubert, não
Púchkin
Flaubert
Dostoiévski
isto se escreve Flaubert
Dostoiévski
isto se compõe
Gershwin, Mozart
isto se pinta
Cézanne, Vermeer
isto se filma
Antonioni, Vigo

moça
moça
o que é que há
moça
peguei o atalho
correndo
para te contar
um segredo
mais um
mas
o que foi

os faróis
apaguem
os faróis

*some people can sing*
*some can't*
*impossible*
*impossible*\*

sim
mas a história
no fundo
o que ela é
bem lá no fundo
Malraux
todos nós sentíamos
que o que estava em jogo
pertencia
a um campo mais obscuro
que o campo
da política
Braudel
mensuremos
a multidão daqueles
que não admitem a sua miséria
o número de corações
que querem ser
eles mesmos
viver a própria vida
apesar de tudo

como se a nossa vida
fosse nossa

---

\* algumas pessoas sabem cantar/ outras, não/ impossível/ impossível

infelizmente
à nossa disposição
e aquele sacana
do Cioran
nada do que
sabemos
passa
sem expiação
pagamos
caro
cedo ou tarde
por toda e qualquer
coragem do pensamento
ou indiscrição
do espírito
e o jovem
Péguy
ah, a história
uma fidelidade sombria
às coisas
que caíram por terra

eu te avisei
testemunha
significa mártir
o que é que ela
está fazendo
aqui

veja só
Péguy
ela disse

hoje em dia
eles clamam
pelo julgamento da história
é o clamor moderno
é o julgamento
moderno

pobres dos meus amigos
eles me veem
como o juiz
e eu sou apenas
a moça
dos registros

montaram para nós
todo um aparato
ela disse
vivemos
dentro de um sistema
onde tudo pode
ser feito
exceto a história
do que se faz
onde a tudo pode
ser dado fim
exceto
à história
do fim dado
veja só
Péguy
ela disse
cai a noite
sempre

uma imagem
não é forte
quando é brutal
ou extravagante
mas quando
a associação entre as ideias
é longínqua
longínqua
e justa

deram-me um sobrenome
história
e um nome
Clio
como é que seria
se não se tratasse de jeito algum
de um texto
mas de um movimento
sim
de uma ideia
de realidade
de vida

*handling*
*in both hands*
*the present*
*the future*
*and the past*\*
um rei pode

\* manuseando/ com as mãos/ o presente/ o futuro/ e o passado

dar fim a um reinado
mas jamais será dado
fim à história
desse reinado

ou se simplesmente
se tratasse sim
ainda assim
de um texto
mas se não se tratasse de jeito algum
de se determinar
o texto
pela palavra
mas pela ideia
por exemplo
ou por uma intenção
por um movimento
por um uso
ou por um parentesco

quando a filosofia
pinta o que ela tem de cinzento
em tons acinzentados
uma manifestação da vida
termina de envelhecer
não tem como rejuvenescê-la
com cinza sobre cinza
só é possível conhecê-la
*allez*
*schuss, schuss**


\* ora/ vamos, vamos

Marguerite
Germaine
feliz não aniversário
Margarete
Milena
não é mesmo
Djamila
não pensei
na morte
não existe morte
o que existe é
[eu] que vou morrer

nada é
tão cômodo
quanto um texto
e nada é
tão cômodo
quanto uma palavra
num texto
não tínhamos nada
além de livros
para colocar
em livros
como é que seria
sendo preciso
num livro
em livros
colocar realidade
e em segundo grau
sendo preciso
na realidade

colocar
realidade

o que é que sempre acontece
meu amigo
cai a noite
terminam as férias

preciso de um dia
para fazer
a história de um segundo
preciso
de um ano
para fazer a história
de um minuto
preciso
de uma vida
para fazer
a história de uma hora
preciso de uma eternidade
para fazer
a história
de um dia
tudo pode ser feito
menos
a história
do que fazemos

é um privilégio
para mim
filmar
e viver

na França
como artista
não há nada
como um país
que desce
a cada dia
um degrau em
direção
ao seu inexorável declínio

nada melhor
que um lugar
cada vez mais provinciano
dirigido
por equipes que se revezam
formadas pelos mesmos incapazes
todos desonestos
e corruptos
por apoiarem
um regime
de total e permanente
corrupção

como
não dar preferência
a uma morada assim numa terra
onde a justiça parece ser
a maior zona
qual artista
não sonharia
com uma tal nação
a quarta potência econômica

do mundo
dizem por aí

enquanto o desmentido
dorme à nossa porta
à espera
de uma moeda
que
faça calar
um pouco
as dores
de quem tem fome

sim
sou
um fugidio inimigo
do nosso tempo
sim, o totalitarismo
do presente
tal como se aplica
mecanicamente
cada vez mais opressor
num nível planetário
essa tirania
sem rosto
que apaga a todos
em prol exclusivamente
da organização
sistemática
do tempo unificado
do instante
a essa tirania global

e abstrata
do meu ponto de vista
fugidio
eu tento
me opor

porque
eu tento
porque eu tento
no que componho
mostrar
um ouvido que escuta
o tempo
e tento também
fazer com que o ouçam
e com que surja portanto
no futuro
estando a morte já
inserida no meu tempo
só me resta
de fato
ser inimigo
do nosso tempo
já que a sua missão é
justamente
a abolição do tempo
e não vejo como
neste estado
uma vida pode merecer
ser vivida

quando um século
se funde lentamente

ao século seguinte
alguns indivíduos
transformam os meios
de sobrevivência
antigos
em novos meios
são
esses últimos
que chamamos de
arte
a única coisa
que sobrevive a uma época
é a forma de arte
que ela criou para si
nenhuma atividade
há de se tornar
arte
antes que sua época
tenha acabado
em seguida
essa arte desaparecerá

é assim que
a arte do século XIX
o cinema
fez existir o século XX
que
por si só
mal existiu

os homens
e as mulheres
acreditavam

nos profetas
agora
cremos
no homem
de estado

nada
é tão contrário
à imagem do
ser amado
quanto a imagem
do estado
cuja razão se opõe
ao valor soberano
do amor
o estado não possui
ou perdeu
o poder de abraçar
aos nossos olhos
a totalidade do mundo
essa totalidade
do universo
dada
ao mesmo tempo
por fora
no ser amado
como objeto
por dentro
no ser que ama
como sujeito

o cinema
então não tinha nada

a temer
dos outros
nem de si mesmo
não estava
resguardado
do tempo
era o lugar de resguardo
do tempo
sim, imagem
é felicidade
mas por perto
paira o vazio
e a imagem
só pode se expressar
em toda sua potência
ao apelar para o vazio

talvez seja preciso
acrescentar ainda
a imagem
capaz de negar
o vazio
é também o olhar
do vazio sobre nós
ela é leve
e ele é
extremamente pesado
ela brilha
e ele é
de uma espessura difusa
em que nada
se mostra

Emily
Dickinson
o mais efêmero
dos instantes
possui
um ilustre
passado

*but first*
*Elpenor came*
*our friend*
*Elpenor*
*unburied, cast*
*on the wide earth*
*limbs that we left*
*in the house*
*of Circe*
*unwept, unwrapped*
*in sepulchre*
*since toils*
*urged other*
*pitiful spirit**

e se um homem
se
um homem
atravessasse

---

* mas primeiro/ veio Elpenor/ nosso amigo/ Elpenor/ insepulto, largado/ na vasta terra/ membros que deixamos/ na casa/ de Circe/ sem pranto, sem trapo/ no sepulcro/ pois tarefas/ outras urgiam/ pobre espírito

o paraíso
num sonho

recebesse uma flor
como prova
de sua passagem por lá
e ao despertar
se deparasse
com essa flor
na sua mão

dizer o quê
então
era eu
esse homem

# REFERÊNCIAS ESTABELECIDAS POR JEAN-LUC GODARD

**CAPÍTULOS 1A E 1B**

**Filmes**
O demônio das onze horas
Tempestade sobre a Ásia
Janela indiscreta
Grilhões do passado
Traição na campina
No silêncio de uma cidade
Um filme para Nick
A roda da fortuna
A regra do jogo
Os amantes crucificados
O diabo feito mulher
Lírio partido
O encouraçado Potemkin
Fausto
Gente no domingo
Intriga internacional
A greve
Um inimigo invisível
A marca do vampiro
A glória de um covarde
Intolerância
Hollywood
Luzes da cidade
A linha geral
O grande caminho
A nova Babilônia
Alforje do diabo
Baixeza
Fúria sanguinária
À beira do abismo
Vinho, mulheres e música
O mercador de Veneza
Verdades e mentiras
O Atalante
O testamento de Orfeu
Les girls
Bando à parte
Amarga esperança
O mistério das rochas de Kador
O testamento do Dr. Mabuse
O grande ditador
Metrópolis
Lili Marlene
A estrada da vida
O fantasma da ópera
O bandido Giuliano
A grande ilusão
Esperança
Por quem os sinos dobram
À beira do mar azul
Sinfonia de Paris
A passageira

Berlim: o Dia D
Um lugar ao sol
Alemanha ano zero
Nosferatu
Os Nibelungos
Vento do leste
O crime do sr. Lange
Os contrabandistas de
 Moongleet
A morte cansada
Terra bruta
Branca de neve
O vento
Stromboli
Escrito no vento
Fúria do desejo
Prisão
Alyonka
Duelo ao sol
Luzes da ribalta
Obsessão
Bola de fogo
Carmen de Godard
O desprezo
A noiva de Glomdal
Pickpocket
A dama de Shanghai
A tortura do silêncio
Cuidado à direita
Nos trilhos
Joana na fogueira
O processo de Joana d'Arc
As aranhas
O encantado Desna
The enchanted Desna
A palavra
Psicose
Um cão andaluz
Marnie, confissões de uma lada
A terra treme
Paisà
Clamor do sexo
Boneca de carne
Madame Bovary
O evangelho segundo São Mateus

Ouro e maldição
Os dez mandamentos
A encruzilhada dos destinos
Horizonte sombrio
O diabo provavelmente
Apocalypse now
Tempo de guerra
Simbad, o marujo
Desejos proibidos
A noite da encruzilhada
King Kong
Perdidos na escuridão
A bandeira
Vive-se só uma vez
Dois vinténs de esperança
Um corpo que cai

**Autores**
Robert Bresson
Michel Mourlet
Sén. McBridge
Jean Epstein
Max Ophüls
Élie Faure
André Malraux
Paul Eluard
Ludwig Wittgenstein
Samuel Beckett
François Jacob
Charles Ferdinand Ramuz
Louis Delluc
Martin Heidegger
Hermann Broch

**Fotógrafos**
Richard Avedon
Anne-Marie Miéville
Mirella Ricciardi
Claude Dityvon

## CAPÍTULOS 2A E 2B

**Filmes**
Carrie
Um homem com uma câmera
A regra do jogo
Méliès (R. Houdin)
8 ½
O esporte favorito dos homens
Silvia e o fantasma
O gato e o canário
Os Nibelungos
O tesouro de barba rubra
Salò
Drácula
El Dorado
Teorema
A viúva alegre
Rei Lear
As aventuras de Elaine
O professor aloprado
Sinfonia de Paris
Adeus Philippine
Alemanha nove zero
Que viva México!
A general
Ouro e maldição
Adeus, amor
O mistério das rochas de Kador
As crianças brincam de Rússia
O mensageiro do diabo
Corações unidos
A roda da fortuna
O fora-da-lei e sua mulher
A terra
Stella Dallas, mãe redentora
Brutalidade
Ludwig: a paixão de um rei
O processo de Joana d'Arc
Branca de neve
Desfile de páscoa
Sangue de um poeta
A noiva de Glomdal
O reino das fadas
O balanço
Falando com estranhos
Dr. Mabuse, o jogador
A desumana
Johan
A caixa de Pandora
Tonka Sibenice
A bela e a fera
Fausto
Deus sabe quanto amei
Fúria
King Kong
A corrida pela vida de Barney Oldfield
Um cão andaluz
As mãos de Orlac
Decadência humana
Angèle
A idade do ferro
Sob o signo de capricórnio
Viagem à Itália
Bando à parte
Week-end à francesa
Roma cidade aberta
Soberba
Dynamite
France tour détour deux enfants
Suspeita
Divine
Traição na campina
Bolero fatal
Ladrões de bicicleta
Wanda
Lola Montès
14 de julho
Um rei em Nova York

**Autores**
Oscar Wilde
Serge Daney
Amy Dahan Dalmedico
J. Peiffer
Charles Baudelaire
Jacques Rivette
Ovídio
Paco Ibáñez

Raymond Queneau
Mestre Eckhart
Philippe Sollers
Robert Bresson
J. P. Richter
Thomas Mann
Hermann Broch
Léo Ferré

**Fotógrafos**
James Nachtwey
G. Böhm
D. Stock
Ronald Haeberle
N. Metayer
Michel Thersiquel
L. Winninger
Jacques-Henri Lartigue


**CAPÍTULOS 3A E 3 B**

**Filmes**
Paisà
Alemanha ano zero
O amor nasceu do ódio
Angèle
King Kong
O falcão dos mares
O mensageiro do diabo
Os pássaros
Napoleão
JLG/JLG
Nana
Cais das sombras
Vênus em sombras
Crime em Paris
Os visitantes da noite
A grande ilusão
Roma cidade aberta
O demônio das onze horas
Metrópolis
A passageira
Filme pornô da Alemanha ocidental
Stromboli
A trapaça
A terra treme
Teorema
Arroz amargo
Amarcord
A estrada da vida
Francisco, arauto de Deus
Umberto D.
O leopardo
Ladrões de bicicleta
Sedução da carne
Gaviões e passarinhos
Esta loira é um demônio
Anjo das ruas
Ivan, o terrível
A marca da maldade
A morte cansada
Grandeza e decadência de um pequeno negócio de cinema
Alphaville
A máquina de descostura
Gigi
Frankenstein
Um trapalhão mandando brasa
Monika e o desejo
Janela indiscreta
Grisbi, ouro maldito
Os incompreendidos
A montanha infiel
O resgate do ninho da águia
Fausto
A bela e a fera
Johnny Guitar
Carmen de Godard
O rio da vida
Milagre em Milão
O pensionista
Branca de Neve
Hakob Hovnatanian
Rei Lear
Um mais um
Longe do Vietnã
A criança na barricada
Garotas duras na queda

O vale dos gigantes
Nouvelle vague
Paixão
As donzelas fizeram vinte e cinco anos
Índia: Matri Bhumi

**Autores**
Victor Hugo
B. Vrhovac
Louis Aragon
William Faulkner
Marguerite Duras
Robert Bresson
Lucrécio
R. Cocciante
Ovídio
Robert Rosselini
Jean-Pierre Mocky
André Bazin
Jean Cocteau
Saint-Matthieu
A. Simonin
Hermann Broch
Jean Epstein
Léon Bloy
Virginia Woolf
William Shakespeare
E. Wiechert

**Fotógrafo**
Richard Whelan


**CAPÍTULOS 4A E 4B**

**Filmes**
O molro
O anjo exterminador
Êxtase
Alexander Nevsky
O canto do prisioneiro
O corredor
Nouvelle Vague
For ever Mozart

A cor da romã
A dama de Shanghai
Metrópolis
Os pássaros
M, o vampiro de Dusseldorf
Rei Lear
Alemanha nove zero
Hiroshima meu amor
Joana na fogueira
Monstros
O homem errado
A condessa descalça
Três dias
A terra
Rastros de ódio
Intriga internacional
Disque M para matar
Correspondente estrangeiro
Suspeita
Interlúdio
Psicose
Marnie, confissões de uma ladra
Um corpo que cai
O homem que sabia demais
Pacto sinistro
Ladrão de casaca
O milagre de Anne Sullivan
O filho de Frankenstein
O revelador
Fantômas
Nosferatu
A nova Babilônia
Traição na campina
Edgar Allan Poe
Macbeth — reinado de sangue
Hamlet
Páginas do livro de Satã
A estrada da vida
O estudante de Praga
Nan da montanha da música
Um mais um
O encouraçado Potemkin
Companheiros secretos
Roma cidade aberta
Outubro em Paris

O fundo do ar é vermelho
Silêncio nas trevas
Judex (1963)
Sinfonia de Paris
Um dia em Nova York
O demônio das onze horas
Coração fiel
Vento do leste
O nascimento de uma nação
A mulher da areia
Clamor do sexo
Infelizmente para mim
Esposas ingênuas
Enganar e perdoar
E Deus criou a mulher
Loucuras de uma época
O demônio da Argélia
Bancando o águia
O raio verde
Nana
Deus sabe quanto amei
Fausto
O vampiro
A princesa das ostras
Dias de ira
Prisão
A marca do vampiro
Terra sem pão
O mistério de Picasso
Um bonde chamado desejo
Docas de Nova York
O deserto vermelho
Nanook, o esquimó
Marcha nupcial
Berlim: o Dia D
Ivan, o terrível
Um verão prodigioso
Zoya
Os noivos
JLG/JLG
Angèle
À beira do mar azul
Onde começa o inferno
Eu vos saúdo, Maria
A noite da encruzilhada

A bela e a fera
Viagem à Itália
A encruzilhada dos destinos
A caixa de Pandora
As últimas férias
O arco-íris
Jejum de amor
Aqui e em outra parte
Nossas guerras imprudentes
Nadja em Paris
Cego
Um cão andaluz
Rua das lágrimas
No silêncio da noite
Outubro
O processo de Joana d'Arc
Faces
Vendémiaire
Luzes da ribalta
A queda de Berlim
O gabinete do Dr. Caligari
Otelo

**Autores**
Paul Valéry
Denis de Rougemont
Élie Faure
Léon Bloy
Michel Foucault
Jules Laforgue
Louis Aragon
Dylan Thomas
André Malraux
Georges Bernanos
Samuel Beckett
Paul Celan
Heinrich Himmler
M. B. Kacem
A. Suarès
Walter Benjamin
Manoel de Oliveira
Jean Renoir
Herman Mankiewicz
William Shakespeare
Charles Péguy

Pierre Reverdy
Friedrich Hegel
Bernard Lamarche-Vadel
Hollis Frampton
Arthur Rimbaud
Georges Bataille
Maurice Blanchot
Ezra Pound
Jorge Luis Borges

**Fotógrafos**
Édouard Boubat
Giselle Freund
Félix Nadar
Bert Stern
Paulo Nozolino

**AGRADECIMENTOS**

Conservatório de Arte Cinemato-
gráfica de Montreal
Fondation d'art de Rotterdam
Office Fédéral de la Culture
Fondation pro Helvetia
Festival de Locarno
B. Eisenschitz
P. Binggeli
F. Musy
J. Maillot

# NOTA(S) DO TRADUTOR DESTA(S) HISTÓRIA(S) DO GODARD
*Zéfere*

## 1(A)

Nota de rodapé de Mahomed Bamba diz o seguinte sobre um jogo de "separação de palavras" que Godard faz logo no início do primeiro filme desta(s) *História(s)*, mas não no livro: "Em português, é difícil encontrar de forma *idêntica* o mesmo jogo de palavras com 'dizer' e 'produzir'"\* (grifo meu). Dou ênfase à palavra "idêntica" por me fazer lembrar de Octavio Paz, que, ao falar de tradução de poesia, dizia que o "ponto de chegada [do tradutor] é um poema *análogo*, ainda que não *idêntico*, ao poema original"\*\* (grifos meus, novamente). Ou seja, retomando o trecho comentado por Bamba e fundamentando-me em Paz, o que faço ao longo desta tradução é, sobretudo, buscar jogos *análogos* em português, ainda que não *idênticos*. Por exemplo, se eu estivesse traduzindo o filme de Godard, não o livro, se eu,

---

\* BAMBA, Mahomed. "Jogo de letras na tela: as marcas gráficas da enunciação em Histoire(s) du cinema". In: SERAFIM, José Francisco (Org.). *Godard, imagens e memórias: reflexões sobre História(s) do cinema*. Salvador, EDUFBA, 2011, p.159.

\*\* PAZ, Octavio. *Tradução: literatura e literalidade*. Trad. Doralice Alves de Queiroz. Belo Horizonte, FALE-UFMG, 2009, p. 22.

portanto, tivesse que traduzir essa decomposição do *produire* (produzir), cujo *u* é retirado para se chegar ao verbo *dire* (dizer), o resultado provavelmente seria este:

| | |
|---|---|
| est-ce que le u | será que o zê |
| qu'il y a dans produire | que há no fazê-la |
| | [a história, ou a estória] |
| empêche qu'il y ait dire dans produire | impede que haja fala no fazê-la |
| (Filme 1(a), 8'52") | |

No entanto, embora esse trecho seja um daqueles que Godard optou por não inserir no livro, isso não impede — e, em grande parte das vezes, até pede — que eu vá ao filme para encontrar algo que me ajude nas escolhas tradutórias para o livro, como neste caso. A associação que há no filme entre o "produzir" e o "dizer" não deixa de pairar sobre o livro, mesmo que esteja fisicamente ausente de suas páginas, e a forma que vislumbrei para fazê-la reverberar em português foi traduzir o *dire*, não por "dizer" (exceto quando esse *dire* não parecia trazer nenhuma carga conotativa), e, sim, por "falar", um "falar" que, apesar de transitivo direto na tradução (em que se *fala* uma história), possa remeter ao "fazer" da poesia — pensando aqui no "Fazer, a poesia" de outro Jean-Luc, o Nancy: "O poema, ou o verso, designa a unidade de elocução de uma exatidão. Essa elocução é intransitiva: ela não remete ao sentido como a um conteúdo, ela não o comunica, ela o faz, sendo exatamente e literalmente a verdade".\* No meu entender, esta(s) *História(s)* são, portanto, muito menos infor-

---

\* NANCY, Jean-Luc. "Fazer, a poesia". Trad. Letícia Della Giacoma de França, Janaina Ravagnoni e Mauricio Mendonça Cardozo. In: ALEA, Estudos Neolatinos, v. 15, n. 2, jul.-dez. 2013, p. 419.

mativa(s) do que poética(s), diz(em) mais respeito a uma fala que faz algo (com o próprio falar, com a própria linguagem) do que a uma fala que diz ou comunica algo, e é essa *fala* que *faz* que guia o meu *fazer* tradutório.

Ademais, essa "fala" que há no "fazê-la" está em sintonia com o fato de que, ao "falar" sua(s) *História(s)*, Godard está a "fazer" uma(s) espécie(s) de estória(s), colocando-se como indivíduo criador (ativo) de algo factual e ficcional ao mesmo tempo, e não como um mero observador ou espectador (passivo) de uma (im)possível História singular e com *h* maiúsculo. Como afirma Youssef Ishaghpour, "um historiador não pode se permitir criar 'imagens', é o que você pode fazer com a montagem e a colagem: aproximar as coisas distantes",* justamente o que *faz* Godard. Já o *produzir*, o *produire* relacionado com o *dire* no filme, ele não aparecerá de forma impressa no livro, a não ser indiretamente, na palavra *producteur*, que traduzi simplesmente por *produtor*, já que se trata da profissão do indivíduo em questão ali.

## 1(B)

Notemos, ainda, que essa relação entre o falar/fazer dessa(s) *História(s)* e o cunho factual/ficcional dela(s) ecoa por toda(s) ela(s), como no trecho abaixo, em que o autor (impli)cita Wittgenstein, traduzindo o que, em alemão, era uma "*(historische) Nachricht*" (notícia, mensagem, informação, ou narrativa (histórica)) por, em francês, "un récit/une histoire", aliando o seu falar de historiador (de fatos da história/*histoire*) ao fazer do escritor (da ficção do relato/*récit*, que pode ser também um conto, uma novela, um romance, uma narrativa, uma estória):

---

* ISHAGHPOUR, Youssef *apud* VASCONCELOS, Mauricio Salles. *Jean-Luc Godard: história(s) da literatura*. Belo Horizonte, Relicário Edições, 2015, p. 212.

| | | |
|---|---|---|
| | le cinéma | o cinema |
| Das Christentum | comme le christianisme | como o cristianismo |
| gründet sich nicht | ne se fonde pas | não se fundamenta |
| auf eine historische Wahrheit, sondern es gibt uns ein (historische) Nachricht | sur une vérité historique il nous donne un récit une histoire | em uma verdade histórica ele oferece uma narrativa uma estória |
| und sagt: jetzt glaube! (p. 32)* | et nous dit maintenant: crois (1(b), pp. 202-03)** | e fala para nós agora: acredite (1(b), p. 33) |

Certas vezes, então, mais me interessa fazer a tradução indireta, prestar mais atenção na citação traduzida de Godard do que no próprio original a que ela remete; afinal de contas, o que tento traduzir é, sobretudo, a interpretação que o seu texto dá de outros textos, já que citações é o que mais há neste livro, ou melhor — pensando de novo ao lado de Bamba —, neste livro que é um "filme-citação".***

## 2(A)

Note-se, em suplemento à nota anterior, que essa "estória" colocada por mim no lugar daquela "história" (*histoire* em Godard)

---

\* WITTGENSTEIN, Ludwig. *Vermischte Bemerkungen / Culture and Value*. Oxford, Basil Blackwell, 1980, p. 32.

\*\* GODARD, Jean-Luc. *Histoire(s) du cinéma*. Paris, Gallimard/Gaumont, 2006 (1998).

\*\*\* BAMBA, *Op. cit.*, p. 172.

se repete em alguns outros pontos da tradução, sempre que o texto me leva a interpretar essas *histoires* como uma ficção, ou uma mentira, ou balela, enrolação, como quando se usa a expressão "pas d'histoires" (que traduzo por "nada de estórias"). E essa distinção semântica explícita no português (história *versus* estória), que inexiste no francês (em que a palavra *histoire* abrange esses sentidos), vai me ajudar ainda num instante em que ocorre o oposto, em que a língua francesa conta com uma dupla de verbos distintos (*conter/raconter*) para dizer algo que dizemos com apenas um deles em português (contar):

| | |
|---|---|
| et le moment précis | e o momento exato |
| de votre apparition | do aparecimento de vocês |
| dans une histoire | numa história |
| déjà racontable | que já tem como ser contada |
| encore racontable | que ainda tem como ser contada |
| | |
| qui avait été contée | que foi contada, como estória |
| on peut dire | por assim dizer |
| mais jamais racontée | mas jamais como história |
| (2(a), p. 23) | (2(a), p. 44) |

Como se pode perceber, às vezes a saída é reestruturar a sintaxe dos versos, para que, aqui, os substantivos história/estória substituíssem o paralelismo entre os verbos *conter/raconter*, sendo que o segundo (*raconter*), apesar de poder se relacionar com algo fictício (como quando alguém conta uma mentira: *raconter des histoires*), está mais atrelado àquilo que é factual (contar o que realmente aconteceu: *raconter ce qui s'est vraiment passé*) do que o primeiro (*conter*), que geralmente é acompanhado de algo fictício, ou falso, ou falacioso (como quem conta uma história para boi dormir: *un conte/une histoire à dormir debout*). Para usar um oxímoro de Roman Jakobson, o que buscamos, ao traduzir, é uma espécie de "equivalência na diferença"* — mesmo que esse termozinho seja tão polêmico nos estudos tradutórios, pela impossibilidade da existência de *equivalentes* completos entre diferentes línguas, culturas, povos, espaços e tempos em jogo na tradução —, ou, nas palavras de Paulo Bezerra: "traduzir uma obra não é repeti-la em outra língua, mas criar uma dessemelhança do semelhante na qual a obra é a mesma sendo diferente e vice-versa".**

## 2(B)

Notável, igualmente, é a variedade de referências que o "escritor-cineasta" e "cineasta-escritor" — relembrando os termos de Fabio Costa —*** traz e retextualiza na(s) sua(s) *História(s)*, neste seu mosaico de impli-, expli- e autocitações — retomando agora uma terminologia de Bernard Magné.**** E, tratando-se, em grande parte, de citações de versos diversos, a tradução é igual e necessariamente elaborada com, por exemplo, preocupações rímicas, rítmicas, métricas, até mesmo em momentos que possam não dizer respeito diretamente à poesia, como no trecho abaixo, em que, numa fala qualquer de uma entrevista, Godard parece estar quase declamando uma quadrinha, de tão cadenciadas que soam suas pausas, como que com palavras espontaneamente versificadas:

---

* JAKOBSON, Roman. *Linguística e comunicação*. Trad. Izidoro Blikstein e José Paulo Paes. São Paulo, Cultrix, 2007, p. 66.

** BEZERRA, Paulo. "A tradução como criação". In: *Estudos Avançados*, 26 (76), 2012, p. 51.

*** COSTA, Fábio. "O espelho, a pedra e a flor: narração, personagem e autoria entre Godard, Cortázar e Cocteau." In: SERAFIM, José Francisco (Org.). *Godard, imagens e memórias: reflexões sobre História(s) do cinema*. Salvador, EDUFBA, 2011, p. 186.

**** MAGNÉ, Bernard. *Georges Perec*. Paris, Armand Colin, 2005.

| | |
|---|---|
| il y a eu très peu | eles foram poucos |
| je dirais dix films | para mim dez filmes |
| on a dix doigts | nas mãos são dez dedos |
| il y a dix films | para mim são dez filmes |
| (2(a), pp. 24-35) | (2(a), p. 45) |

Não é de espantar, entretanto, que no dia a dia formulemos e pronunciemos frases como quem recita versos metrificados; no caso dos franceses, até o aviso que se ouve nos metrôs de Paris quando o trem chega em certas estações é um alexandrino: "*attention à la marche en descendant du train*" ("cuidado co'o o degrau ao descer do metrô", tradução que faço aqui também com a cesura e as doze sílabas poéticas do alexandrino, lançando mão da apóstrofe para alcançar a conta silábica exata, estratégia bastante utilizada em português no passado e que retomo neste livro, até mesmo para marcar um registro de linguagem diferente em certas citações).

Mas não custa lembrar, mais uma vez, que traduzir não é buscar algo *idêntico*, e, sim, *análogo* — (re)pensando em Paz; aliás, Walter Benjamin é outro que já nos havia advertido que qualquer tradução que pretenda se *assemelhar* ao original está, de antemão, fadada ao fracasso.* Anagramaticamente falando, traduzir é muito mais *conversar* com o original do que o *conservar*. Por isso, no geral, não me preocupo em seguir à risca o número de sílabas dos versos da(s) *História(s)* ou dos poemas de terceiros nela(s) citados, conquanto tente reproduzir no meu texto, de alguma forma, a regularidade apresentada, aqui ou ali, nas linhas de Godard. O simples fato de as palavras conti-

---

* BENJAMIN, Walter. *A tarefa do tradutor, de Walter Benjamin: quatro traduções para o português*. Lucia Castello Branco (Org.). Belo Horizonte, FALE/UFMG, 2008.

das na(s) *História(s)* estarem dispostas em versos já me obriga a refletir a tradução em termos de versificação, ainda que, no meu caso, eu quase sempre prefira fazer como sugere Álvaro Faleiros ao comentar sua retradução de "Brise marine",* privilegiando as rimas toantes (rimas das vogais tônicas, apenas, em vez de rimas completas, consoantes) e uma certa irregularidade na métrica, justamente para não sacrificar o(s) sentido(s) que leio no texto original.

## 3(A)

Nota importante de se tomar é que, mesmo assim, mesmo na tentativa de me distanciar o mínimo possível do(s) sentido(s) (que interpreto, pessoalmente) do original, não deverei abrir mão da criatividade na hora de traduzir este texto — criativo. A propósito, segundo Boris Schnaiderman, a "verdadeira fidelidade" consiste exatamente nisto, em se dar a liberdade de recriar a criatividade do original.** Para ilustrar essa postura criativa diante do texto, leiamos/vejamos (já que, mais uma vez, trata-se de um trabalho intersemiótico em que imagens — do cinema e da pintura — e palavras entram em cena) este trecho em que Godard comenta — e mostra, no filme — quadros de Manet:

---

* FALEIROS, Álvaro. "Brise marine — versões brasileiras". In: *Tradução em Revista*, 2013/2, p. 13.

** SCHNAIDERMAN, Boris. *Tradução, ato desmedido*. São Paulo, Perspectiva, 2011, p. 18.

| | |
|---|---|
| [...] Édouard Manet | [...] começa |
| commence | com Édouard Manet |
| la peinture moderne | a pintura moderna |
| c'est-à-dire | ou seja |
| le cinématographe | o cinematógrafo |
| c'est-à-dire | ou seja |
| des formes qui cheminent | formas que caminham |
| vers la parole | na direção da palavra |
| très exactement | mais precisamente |
| une forme qui pense | uma forma que pensa |
| que le cinéma soit d'abord fait | que o cinema a princípio foi feito |
| pour penser | para pensar |
| on l'oubliera tout de suite [...] | disso a gente logo vai se esquecer [...] |
| et cette pensée vaut bien un fifrelin | pensamento para não se levar na flauta ou no pífaro |
| (3(a), pp. 54-6 / Filme, 12'10"-12'41") | (3(a), pp. 79-80) |

O fim desse excerto traz, concomitantemente, a referência a "Le Fifre" ("O tocador de pífaro"), quadro de Manet que surge neste instante (no filme), e a expressão idiomática "ne pas valoir un fifrelin", que corresponde, em português, a algo como: não valer quase nada, uma ninharia, um vintém, um tostão furado, expressões nossas que não têm relação nenhuma com o "pífaro" do pintor. Tentando, então, pensar no sentido desverbalizado — recordando-me da "desverbalização" de Marianne Lederer, que consiste em se desapegar das palavras específicas usadas no original\* — e tentando reverba-

---

\* LEDERER, Marianne. "A teoria interpretativa da tradução". Trad. Rémi Caron e Bruno Ramalho. In: JACOB, Maria Lúcia (Org.). *Oficina de tradução do francês: traduzindo artigos sobre tradução*. Belo Horizonte, FALE/UFMG, 2019, pp. 62-77.

lizá-lo de alguma maneira na nossa língua — reformular o(s) sentido(s) com outras palavras e outra estrutura —, cheguei à conclusão que, já que o texto de Godard, ao transformar essa expressão negativa numa afirmativa, sugere que "cette pensée vaut bien un fifrelin" ("esse pensamento até que vale alguma coisa/um vintém/um tostão"), esse seu "pensamento" tem algum valor e deve ser levado em consideração, ainda que minimamente, e a expressão idiomática que encontrei para remeter à necessidade de se considerar, de se levar algo a sério, foi "não levar [isso] na flauta", expressão que, por apresentar um outro instrumento de sopro muito parecido com o pífaro, me possibilitou estabelecer alguma relação do material verbal com o visual, com o quadro citado. Como diria Henri Meschonnic, a *fonte*, o ponto de partida do tradutor, é o "modo de atividade [...], não é o que ele [o texto] diz, mas o que ele faz. E *o alvo é apenas um*: fazer o que ele faz"* (tradução minha), ou seja, recriar no *texto-alvo* (a tradução) o funcionamento do *texto-fonte* (o original), não necessariamente *dizendo* o que ele *diz*, e, sim, tentando *fazer* o que ele *faz*.

## 3(B)

Notando-se ainda com Meschonnic (embora extrapolando um pouco o que ele diz) que toda a *mise en scène* da linguagem (a disposição das palavras no papel, como num palco; o ritmo; a forma como se pode oralizar/falar o texto) deve ser levada em conta por quem traduz,** e que, no nosso caso, desta(s) *História(s)*

---

* MESCHONNIC, Henri. *Ethique et poétique du traduire*. Lagrasse, Editions Verdier, 2007, p. 111.

** *Ibidem*, pp. 142-5.

de Godard, podemos contar — literalmente — com uma *mise en scène* — cinematográfica — para nos orientar, não tem por que não aceitar esse auxílio do audiovisual, não tem por que não tomar essa tarefa como um vai e vem intersemiótico, trânsito constante entre livro(s) e filme(s) — e tantas outras fontes, é claro.

Para Gabriel García Márquez, "é sem dúvida desejável que o próprio escritor participe na tradução, na medida do possível",[*] e a possibilidade que tenho, na minha pobre medidazinha de quem não pode usufruir de um contato direto com Godard, é a de me aproximar um pouco mais dele vendo-o e ouvindo-o na versão fílmica do livro. É assim que, por exemplo, se, por um lado, a ausência de pontuação no livro nos permite ampliar o número de interpretações do texto, por outro, o(s) filme(s) nos ajuda(m) a seguir mais de perto a maneira como o autor coloca suas palavras em cena, na tela. Existem trechos do(s) filme(s) — como neste que cito a seguir — que me servem de apoio não somente para descobrir onde começa ou termina uma frase ou se ela é afirmativa ou interrogativa, mas também para perceber se aquelas frases constituem uma situação em que figuram diferentes interlocutores (as frases abaixo fazem parte de um diálogo entre três pessoas), e até mesmo para identificar (e retificar) prováveis erros da edição em papel que utilizamos (grifo aqui na citação a preposição francesa *par* e explicarei o motivo no parágrafo seguinte).

---

[*] MÁRQUEZ, Gabriel García. "Os pobres tradutores bons". Trad. Miguel Sulis e Gleiton Lentz. (n. t.) *Revista Literária em Tradução*. Florianópolis, ano 6, n. 10, v. 1, jun. 2015, p. 459.

| | |
|---|---|
| ça vous a plu | gostaram |
| oui, il y a des choses intéressantes | sim, tem umas coisas interessantes |
| je ne suis pas de cet avis | eu não concordo |
| on voit sans arrêt des photos des œuvres | a gente só vê fotos de obras |
| mais jamais des gens | mas nunca de gente |
| c'était ça, la nouvelle vague | era isso, a *nouvelle vague* |
| la politique des auteurs | a política dos autores |
| *par* les auteurs | não os autores |
| les œuvres | as obras |
| (3(b), p. 158 / Filme, 24'26"-24'44") | (3(b), p. 96) |

Além de não fazer muito sentido, no contexto da *nouvelle vague* e da sua *politique des auteurs*, algo como "a política dos autores / *pelos* autores / as obras", quando se assiste à cena, graças à pronúncia e à entonação do ator, fica óbvio que não se trata ali da preposição *par* (*por*, em português, *pelos*, no caso), mas da partícula negativa *pas* (*não*, aqui, para nós). E basta consultar os comentários dos especialistas, como Jacques Aumont, para se certificar disso: "c'était ça la politique des auteurs: *pas* les auteurs, les oeuvres" ("era isso a política dos autores: *não* os autores, as obras"), justamente porque "le réel ne figure que par des oeuvres" ("o real só se mostra através das obras"), "de même que les *Histoire(s) du cinéma* sont une méditation sur les rapports entre des œuvres, et non pas, directement, sur les rapports entre des événements réels" ("assim como as *História(s) do cinema* são uma reflexão sobre as relações entre obras, e não, diretamente, sobre as relações entre acontecimentos reais").\* (tradução e grifo meus)

---

\* AUMONT, Jacques. "La mort de Dante". *Cinéma et mélancolie*, v. 8, n. 1-2, 1997, p. 134.

Em especial, especialista que eu jamais poderia deixar de mencionar também, cujos trabalhos me ofereceram um auxílio inestimável, tanto aqui — igualmente evidenciando esse *pas* que se imprime como *par* no livro — quanto em inúmeros outros momentos, é Céline Scemama. Foi ela quem elaborou "La 'partition' des *Histoire(s) du cinéma* de Jean-Luc Godard" ("A 'partitura' das *História(s) do cinema* de Jean-Luc Godard", que pode — e deve — ser consultada na internet por qualquer pessoa que queira se aprofundar nesta obra de Godard), uma tabela em que encontramos uma descrição exaustiva de praticamente tudo o que aparece no(s) filme(s): cada fala, cada imagem, cada citação. Ou seja, como Godard nem sequer usa, por exemplo, o itálico para se referir a títulos de filmes no seu livro, se não fosse a "partitura" de Scemama, eu certamente não teria reconhecido várias dessas referências.

## 4(A)

Notavelmente plurilíngue(s), esta(s) *História(s)* de Godard tampouco poderiam surgir de outra forma na tradução, que busca deixar marcas de todas as línguas em que o autor faz suas citações, embora ele não as traduza no livro, enquanto, por minha parte, optei por traduzi-las em nota, por crer que a falta de tradução pode não ser tão sentida na França, mas no Brasil, sim, onde o contato com línguas estrangeiras, infelizmente, não me parece tão frequente e vário quanto por lá.

Esta tradução não se pretende *estrangeirizadora*, no entanto, até porque o fato de se traduzirem em nota as citações estrangeiras já a faz, de certa forma, *domesticadora*, preocupada em se adaptar àquilo que é familiar ao público brasileiro, nacional, doméstico — inevitável alusão aos termos de

Lawrence Venuti* aqui —, mas trata-se, sim, de uma tradução que se nega a apagar os beijos de língua(s) da obra — recordando aqui Leslie Kaplan —, o contato entre as diversas línguas, inclusive escolhendo manter em francês uma expressão ou outra (como no título do capítulo 3(b), *vague nouvelle*, inversão de *nouvelle vague* que nos atenta para outros possíveis sentidos seus: uma vaga novidade, uma notícia imprecisa...), além de um longo trecho, ainda que traduzindo-o em nota: o poema de Paul Valéry no início do capítulo 4(a) que, "a meia-voz", na voz do outro, nos permite entrever/ouvir as vozes que habitam Godard e *sua* língua materna.

## 4(B)

Notabilíssimo, no mais e mais uma vez, é o caráter preponderantemente intertextual e dialógico deste ensaio/filme/poema de Godard: passeando por ele, percorremos alguns dos labirínticos corredores da sua biblio-musico-pinaco-cinemateca. E a tradução, no seu papel de reescrever esse passeio, de o transpor para um novo labirinto, nada mais faz do que dialogar e refletir em si essa multiplicidade de vozes que ali ecoam.

Ana Martins Marques repara que "você se dá conta / de repente / de que muitos dos poemas que ama / foram na verdade escritos / por seus tradutores",** aludindo, assim, à "invisibilidade" — voltando, eu, a pensar em Lawrence Venuti — a que são destinadas as pessoas que se dedicam à tradução. Por isso, como modo de dar alguma visibilidade e, consequentemente,

---

\* VENUTI, Lawrence. *A invisibilidade do tradutor: uma história da tradução*. Trad. Valéria Biondo et al. São Paulo, Unesp, 2021.

\*\* MARQUES, Ana Martins. *Risque esta palavra*. São Paulo, Companhia das letras, 2021, p. 87.

valorização àquilo que fazemos, confesso que meu intuito enquanto tradutor é, sim, tornar evidentes algumas das minhas passadas pelo texto que percorri e reconstruí, não somente no trabalho criativo de recriar ou transcriar — para não esquecermos dos irmãos Haroldo e Augusto de Campos — as redes de significantes e os jogos semânticos do original (por exemplo, os que explorei nesta(s) "Nota(s)"), mas também fazendo questão de explicitar por colchetes certos acréscimos meus, como: no capítulo 2(b), o plural num verso de Baudelaire, que deveria ser "avec leurs cadres d'horizons" ("com seu[s] quadro[s] ou sua[s] moldura[s] de horizonte[s]" ou, com menor literalidade, "enquadradas em horizonte[s]"), cujos ss do poeta citado são omitidos no livro de Godard (logo o s, já enfatizado no título do filme/livro...), talvez, por não haver diferença entre as pronúncias do plural e do singular neste sintagma em francês; ou, no capítulo 4(a), o "moi" ("eu") de "o que existe é / [eu] que vou morrer", que se encontra apenas no filme da(s) História(s), não no livro, mas que me soa bastante importante, tanto em relação à explicitação de um eu-lírico (godardiano) em cena como à do meu próprio eu-tradutório.

Só que se fazem presentes, outrossim, em praticamente todas as traduções, outros seres aparentemente ausentes, ou invisíveis, ainda que jamais inaudíveis, pois suas vozes também reverberam, direta ou indiretamente, no discurso dos trad(a)utores, no texto-diálogo em que consiste a tradução. Como comenta Italo Calvino, "o trabalho do editor é oculto, mas quando ocorre dá seus frutos",* e vale acrescer aqui, aos editores, toda uma equipe de produção, preparação, revisão..., fantasminhas camaradas a

---

* CALVINO, Italo. "Traduzir é o verdadeiro modo de ler um texto". Trad. Davi Pessoa Carneiro. (n. t.) Revista Literária em Tradução. Florianópolis, ano 6, n. 10, v. 1, jun. 2015, p. 471.

quem, por minha parte, para encerrar esta(s) nota(s), gostaria de registrar em palavras meus agradecimentos, principalmente ao Mario Sagayama, pelo apontamento até mesmo de um contrassenso de uma escolha minha (gerada por eu ser um reles cinéfilo, e, não, como ele, um acadêmico que estude especificamente Godard ou cinema), e, sobretudo, ao Leonardo Gandolfi e à Marília Garcia, pelo convite a essa aventura e pela interlocução constante durante todo o processo, pelas — como outrora escreveu Marília — suas "observações-de-lupa"*... e estetoscópio. Esta operação tradutória, que se esforça para proceder — como diria agora Haroldo de Campos — a "uma vivissecção implacável [da obra original], que lhe revolve as entranhas, para trazê-la novamente à luz num corpo linguístico diverso",** não teria sido o que é sem o esforço coletivo de, no mínimo, todo esse pessoal.

---

\* GARCIA, Marília. *Um teste de resistores*. Rio de Janeiro, 7Letras, 2014, p. 96.

\*\* CAMPOS, Haroldo de. *Metalinguagem & outras metas: ensaios de teoria e crítica literária*. São Paulo, Perspectiva, 2006, p. 43.

# UM LANCE DE GODARDOS
*Joana Matos Frias*

> *Para começo de conversa nenhuma pessoa com princípios gosta de Godard.*
>
> Glauber Rocha

> *Considero-me como um ensaísta, faço ensaios em forma de romances ou romances em forma de ensaios (...). Para mim, a continuidade entre todas as formas de se exprimir é muito grande.*
>
> Jean-Luc Godard

Além, naturalmente, da obra completa de Jean-Luc Godard, de que até certo ponto *História(s) do cinema*, na sua versão fílmica, é climax e súmula (para não dizer paroxismo), uma mão-cheia de textos dispensaria rapidamente estas palavras posfaciatórias: a começar (ou terminar) por "Nota(s) do tradutor desta(s) *História(s) do Godard*" — o mais legítimo *post-facio* a esta primeira edição em língua portuguesa do texto que Godard compôs para a sua narração —, passando pelas notas de Jacques Rancière no seio do conhecido livro sobre a fábula cinematográfica, e terminando (ou começando) em três magníficas reflexões de autores tão díspares quanto comunicantes: Glauber Rocha, Susan Sontag e Louis Aragon.

Aragon gostaria decerto que este posfácio se desenvolvesse por colagem, respigando aqui e ali, sem pudor ou respeito hagiográfico por propriedades intelectuais e textuais, aquilo que todos eles foram intuindo e sugerindo a propósito deste fenômeno tão fascinante e tão complexo chamado Jean-Luc Godard, muito em particular no que toca ao modo como nele acontecem as relações entre imagens e palavras, ícones e discursos, fotogramas e frases, isto é, entre cinema e literatura. Tentarei não cair nessa tentação colagista, com duas ressalvas, porém: i) ela seria sem dúvida a *forma* mais fiel a Godard e à sua vertigem citacional, cuja expressão mais visível se encontra na lista das referências finais a *Histoire(s) du cinéma* que ele próprio elaborou e que aqui se incluem; ii) essa mão-cheia de textos subjaz assumidamente a este texto e à conversa que ele pretende desencadear com o texto de Jean-Luc Godard que este livro oferece.

Comecemos talvez por considerar que, ao contrário daquilo que se possa intuir quando se tem em mãos uma obra assim, e sobretudo tendo em conta a função sugestiva que o nome autoral de Jean-Luc Godard cumpre, *História(s) do cinema* não é o manifesto programático de uma estética fílmica desenvolvida com afinco e intensidade nos anos 50-60 do século XX, mas sim praticamente uma obra do século XXI, uma vez que a sua primeira publicação no original francês aconteceu em 1998, quer dizer, numa data que coincide com os festejos de um século de história(s) do cinema, e que muito se aproxima dos cinquenta anos de atividade do cineasta franco-suíço. Tal publicação assinala apenas um dos três diferentes modos nos quais estas histórias existem, sem que faça necessariamente sentido considerar-se a precedência de uns sobre os outros: o primeiro seria o modo fílmico (atualmente disponível em DVD), o segundo o modo foto-romanesco que presidiu à publicação em livro do texto francês original acompanhado da reprodução de fotogramas da obra cinematográfica, e o terceiro seria aquele que aqui descobrimos, ao encontro de uma publicação similar do texto feita anteriormente na Argentina, e que talvez pudesse qualificar-se como o seu modo poético: um texto-texto, sem voz *off*, sem fluxo de imagens, sem qualquer imagem (material) que não resulte meramente da aparição gráfica desse texto.

Perante essa aparição, portanto, a primeira pergunta que parece fazer sentido é apenas *que poema é que este livro apresenta?* A resposta mais imediata seria uma ressonância de Diderot com o tempero de Magritte: isto não é um poema, assim como o conto de Diderot não o é, e o cachimbo de Magritte não pode ser enchido com tabaco porque na verdade não é um cachimbo. Quer dizer: conto, cachimbo e poema são e não são aquilo que parecem ser, e por isso desprometem ser isso mesmo, não se comprometem. Como no quadro de Magritte no qual inequivocamente vemos um cachimbo, também aqui tudo parece orientar-se no sentido de tornar inquestionável uma configuração poemática: a mancha textual desenha estrofes, que por sua vez parecem ser compostas por versos, tudo de acordo com as expectativas mais elementares do leitor. Mas talvez esta palavra, *leitor*, acuse já a perversidade da relação: na verdade, o que se espera de quem se aproxima destas palavras? Que as leia? Que as veja? Que veja para além delas? Aquém delas? Que seja leitor, ou ainda e sempre espectador, como parecem pedir na página-tela (tanto quanto na tela-página) os obsessivos ss de cujo contorno Godard não consegue distanciar-se nunca, concentrando nesse brevíssimo gesto iconográfico ou caligramático o essencial do seu pensamento sobre linguagem, opressão, humilhação e consumo? "Sou um pintor de letras", terá dito este cineasta que consta que tivesse biblioteca, mas que muito provavelmente nunca leu Cesário Verde.

Um dos aspectos para o qual Susan Sontag chamou a atenção no seu ensaio de 1968 foi precisamente para o fato de Godard, como Magritte na pintura ou Satie na música, ter sido com frequência acusado de "literário" (haveria assim, enquanto expressões artísticas dignas de menosprezo, um cinema literário, uma música literária e uma pintura literária), manifestando isso a constatação e condenação, por parte de certos críticos, de uma espécie de impureza constitutiva assente no (mau) hábito de "violentar a unidade essencial de uma dada forma de arte através da introdução de elementos estranhos a ela". Numa palavra: desobediência. Drummondianamente, segundo a fina observação de Glauber Rocha: uma pedra no meio do caminho do cinema e da história. Uma pedra no meio do caminho da história do cinema. Por isso Aragon, em tempos muito próximos dos de Sontag, soube notar que os críticos estavam prontos a aplaudir um Godard que simplesmente deixasse de ser Godard para ser igual a todos os obedientes.

Não será nada difícil percebermos o quanto a obra cinematográfica de Godard cultiva com muito afinco esse gesto violentador das formas fixas, que sempre se exerceu como um programa orgulhoso. Menos difícil será ainda, antes ou depois disso, sabermos que um tal gesto tem como protagonista o cinema, e como antagonista a literatura. Ou vice-versa, já que no sempre dialético Godard o Lado A e o Lado B podem facilmente inverter, reverter ou subverter a sua ordenação recíproca, o que acontece de modo claro nas quatro partes que compõem estas histórias, como já acontecera na lógica do programa televisivo *Six fois deux (Sur et sous la communication)*, de 1976, relativamente ao qual Godard assumiu mesmo que para si "um significa sempre dois" (como aqui: dois irmãos Lumière, o preto e branco do luto e da imagem, ou "dois rolos/ para se fazer cinema/ um que enche/ e um que esvazia/ como que por obra do acaso/ em vídeo/ chamou-se o rolo da esquerda/ de escravo/ e o da direita/ de mestre"). Se acreditarmos que o seu processo criativo consistia em dirigir dois filmes ao mesmo tempo — um nos dias pares, outro nos dias ímpares —, teremos talvez a chave lógica da natureza tão especial da conversa entre cinema e literatura, essas duas páginas da mesma folha-Godard tão avessas à separação, conforme viriam a confirmar as duas obras-primas do século XXI, *Adieu au Langage* (2014) e *Le Livre d'Image* (2018).

Ora, apesar de tudo, este modo-poema das *História(s) do cinema* não deixa de suscitar um certo efeito de separação, uma vez que dele parecem ter-se ausentado a voz (tão forte no modo fílmico) e as imagens (nesse também, e no modo *roman-photo* da primeira publicação do texto francês). Mas não será despropositado ponderar que aqui a voz e a imagem ganham um outro tipo de presença — acusmática, em fantasma —, sugestão que se reforça se formos atentando em todas as anotações sobre o visível e o invisível, aquilo que se mostra e o que se oculta, como quando lemos "ah que maravilhoso/ poder ver/ o que não se enxerga/ ah doce milagre/ aos nossos olhos cegos", ou, mais à frente, quando num raro momento cosmológico, Godard quer saber da "outra metade/ do universo", dessa "matéria fantasma/ (...) / onipresente/ mas invisível". O processo fantasmagórico pode até iluminar melhor o modo como o próprio Godard tentou falar da especificidade da relação entre o cinema e a literatura recorrendo às figuras de Orfeu e Eurídice: "Para mim, o cinema é Eurídice. Eurídice diz a Orfeu: 'Não te vires'. E Orfeu vira-se, Orfeu é a literatura que faz morrer Eurídice. (...) Para mim as imagens são a vida e os textos são a morte. Ambos são necessários: eu não sou contra a morte". Mais tarde, a propósito especificamente das *História(s)*, corrigirá: "o cinema autoriza Orfeu a virar-se sem fazer morrer Eurídice".

Essa presença fantasmática das imagens convertidas em pura virtualidade faz-se sentir no estranhamento que o leitor experiencia perante um poema que não é um poema, feito de versos que não são versos, já que, em rigor, as cesuras que se estabelecem entre palavras e linhas são ainda de ordem visual, pois correspondem a um ritmo imagético, àquele que decidiria quantas palavras cabem num fotograma, isto é, que espécie de tempo cabe no espaço, fazendo do tempo perdido da linguagem tempo reencontrado na imagem. O que se torna muito claro se não subestimarmos um momento precioso da conversa que Godard teve com Le Clézio, depois de este lhe perguntar se ele aceitaria pegar numa folha de papel e escrever sem saber de fato, até o último minuto, aquilo que se seguiria: "é precisamente por isso que eu não posso escrever", respondeu Godard, recordando as neuroses estilísticas de Flaubert com as suas frases, para concluir: "que sofrimento".

A escrita de Godard não sofre porque se elabora por enquadramento e montagem, é *cosa mentale* e *cosa visuale*: acresce que a montagem, além de procedimento compositivo do texto, é um dos tópicos nucleares deste *História(s) do cinema*, o que permite a circulação entre "todas as histórias" e "uma história só", assegurando assim coesão e uma singular sequencialidade ao tão excessivo *atlas mnemosyne* godardiano. Não por acaso, Rancière viu nisto uma muito especial concretização da ideia de Friedrich Schlegel de uma *poesia universal progressiva* caracterizada por metamorfoses que convertem os elementos dos poemas antigos em fragmentos combináveis em poemas novos, assegurando também a convertibilidade entre as palavras e as imagens da arte e as palavras e as imagens da experiência comum: quer dizer, entre a História, a história e as histórias (ou as estórias).

O certo é que essa singular sequencialidade foi aquilo que Godard tentou explicar a Georges Franju quando, num momento célebre da história do Festival de Cannes, Franju o confrontou com o fato de os filmes dele precisarem de (passar a) ter "princípio, meio e fim": "claro", terá retorquido Godard, "mas não necessariamente por essa ordem". A anedota, além de espirituosa, tem a grande vantagem de nos ajudar a compreender melhor que, para ele, entre cinema e literatura a relação agonística é feita de movimentos pendulares de força e precedências imprevistas; de sugerir que qualquer tipo de relação bipolar pode ser elaborada nos termos "a" e "b" nos quais se foram dispondo as *História(s) do cinema*; e ainda que a essas histórias preside um sentido e um sentimento do tempo muito pouco refém de cronologias impostas ou de uma ideia teleológica dos enredos que o mundo e a arte na sua aparente normalidade vão tecendo.

Na origem, a própria publicação resulta de um conceito não unívoco de história, já que se trata de um texto que veio dar continuidade a — ou apresentar-se como corolário de — um conjunto fílmico de episódios, realizado e divulgado a partir de finais da década imediatamente anterior. História(s) em imagens e história(s) em palavras, decerto não dissociáveis, mas submetidas a um tipo muito especial de descompasso, graças a um gesto que talvez seja a síntese mais expressiva do essencial da obra do seu autor: aqui, episódios devêm capítulos, tal como em muitos dos seus filmes cenas equivalem a capítulos. O tempo é agora, aberta e definitivamente, televisivo, e este fator é determinante para o (ainda que débil) entendimento que possamos querer ter das *História(s)* e do receio que nelas se transmite de que possamos acabar por desaprender a ver.

No entanto, talvez o mais cabal entendimento da principal preocupação que preside a esta obra possa ser ajudado por um dos problemas tradutórios que a passagem do texto godardiano para português inevitavelmente suscitou, como de resto acontece na língua inglesa, que preserva a importante diferenciação entre *history* e *story*: que *história* é esta, que *histórias* são estas?

Estas histórias são primeiras *histórias* ou primeiras *estórias*? Que igualdade e fraternidade se esboçam entre o real e a ficção, entre a história do século XX, as suas notícias da barbárie, e a história do cinema e dos seus filmes?

Foi logo no capítulo 1(b) que Zéfere decidiu jogar este jogo, traduzindo "histoire" por "estória" e não por "história". O gesto é fundamental para a leitura dos múltiplos sentidos da escrita de Godard, tão anunciados naquele "s" entre parênteses que vigia todo o nosso percurso para nos lembrar que aqui não se pretende propor nada de hegemônico, nada de linear, nada de unívoco, tal como o cinema nunca o fez. Nem a literatura. É por isso que o leitor-espectador chega ao fim desta obra com a nítida sensação de que nela Godard levou a cabo uma tentativa de esgotamento do lugar cinematográfico. Como o fez com e em palavras, a sensação não deve ser muito diferente daquela que tem alguém que, quase absurdamente, tivesse decidido ler uma enciclopédia completa, uma biblioteca completa, uma bíblia, para no fim ficar sob o impacto vertiginoso de "uma saturação/ de signos mágicos", esses signos no meio dos quais podemos colher a flor de Coleridge que todos nós agora, leitores-espectadores de Godard, com ele seguramos na mão. *E se?*

**NOTAS**

O título "Um lance de godardos" é da autoria de Haroldo de Campos.

Estão presentes ao longo deste texto os seguintes artigos:

Glauber Rocha, "Você gosta de Jean-Luc Godard? (se não, está por fora)" (1967). In: *O Século do Cinema*, pref. Ismail Xavier, São Paulo, Cosac Naify, 2006.
Jacques Rancière, "Une fable sans morale: Godard, le cinéma, les histoires". In: *La Fable Cinématographique*, Paris, Editions du Seuil, 2001.

Louis Aragon, *Qu'est-ce que l'art, Jean-Luc Godard?* (1965) seguido de *Pierrot, mon ami*, Paris, Mercure de France, 2002.

Raymond Bellour, "L'autre cineaste: Godard écrivain". In: *Entre Images 2: Mots, Images*, Paris, P. O. L., 2012.

Susan Sontag, "Godard" (1968). In: *A Vontade Radical: Estilos*, trad. João Roberto Martins Filho, São Paulo, Companhia das Letras, 2015.

Copyright © Editions Gallimard, Paris, 2006
Copyright da tradução © Círculo de Poemas, 2022

Todos os direitos reservados. Nenhuma parte desta obra pode ser reproduzida, arquivada ou transmitida de nenhuma forma ou por nenhum meio sem a permissão expressa e por escrito da Editora Fósforo e da Luna Parque Edições.

**EQUIPE DE PRODUÇÃO**
Ana Luiza Greco, Fernanda Diamant, Julia Monteiro, Leonardo Gandolfi, Mariana Correia Santos, Marília Garcia, Rita Mattar, Zilmara Pimentel
**PREPARAÇÃO** Mario Sagayama
**TRADUÇÃO DOS FILMES CITADOS NAS REFERÊNCIAS DAS PP. 157-63**
Mario Sagayama
**REVISÃO** Luicy Caetano
**PROJETO GRÁFICO** Alles Blau
**EDITORAÇÃO ELETRÔNICA** Página Viva

Dados Internacionais de Catalogação na Publicação (CIP)
(Câmara Brasileira do Livro, SP, Brasil)

Godard, Jean-Luc
  História(s) do cinema / Jean-Luc Godard ; tradução de Zéfere. — São Paulo : Círculo de poemas, 2022.

  Título original: Histoire(s) du cinéma.
  ISBN: 978-65-84574-03-8

  1. Cineastas — França 2. Cinema — França — História 3. Cinema — História 4. Godard, Jean-Luc, 1930-. Histoire(s) du cinéma I. Título.

22-99622                                              CDD — 791.4309

Índice para catálogo sistemático:
1. Cinema : História   791.4309

Maria Alice Ferreira — Bibliotecária — CRB-8/7964

1ª edição
3ª reimpressão, 2025

**CÍRCULO** *Luna Parque*
**DE POEMAS** *Fósforo*

circulodepoemas.com.br
lunaparque.com.br
fosforoeditora.com.br

Editora Fósforo
Rua 24 de Maio, 270/276, 10º andar
01041-001 — São Paulo/SP — Brasil

**CÍRCULO** *Luna Parque*
**DE POEMAS** *Fósforo*

Este livro foi composto em GT Alpina e
GT Flexa em julho de 2025. Que a gente
possa ouvir essas história[s] não só com
os olhos, mas também com as mãos:
assim como se monta um filme, como
se pensa com palavras.

**Impressão e Acabamento | Gráfica Viena**
Todo papel desta obra possui certificação FSC® do fabricante.
Produzido conforme melhores práticas de gestão ambiental (ISO 14001)
www.graficaviena.com.br